大展好書 好書大展

大展好書 好書大展

超現實心靈講座 2

# 護摩秘法與人生

劉名揚／編譯

大展出版社有限公司
DAH-JAAN PUBLISHING CO., LTD.

# 前言

從我開始寫書後，在偶然機會下，我領會了密教秘法的神奇。怎麼說呢？我雖然只是個地位卑下的密教僧侶，在為衆生普渡時，卻無法漠視密教秘法的存在。有某個意念不停地在我腦中盤旋。讓我想要將密教那偉大的法力寫出來讓大家知道。

當然，只要談到密教，每一本書中都會涉及所謂的「護摩修法」。然而在我的著述中，像我這次的這本書，以「護摩秘法」為中心，如此詳盡論述的，倒是沒有。

從前有關這類的書，多半是對人生、守護靈、惡靈、降靈等主題做詳盡的論述，而將護摩的秘法當做主題的一部分，僅僅是輕描淡寫地點到為止。

然而，有許多的讀者及信徒都希望我能將有關護摩的秘法更清楚的寫下來。

關於護摩或是庇佑祈禱（加持祈禱）的著述，諸位前輩先生們已經出版過許多優秀的佳作。但是讀者們卻反應這些書的內容太過艱深不易理解。

這的確是事實，除了因為每項複雜而奧妙的規則外，加上在密教長久的歷史中，已被緻密地組織起來的護摩秘法，要以能讓人容易懂的方式寫出來，實在是一件非常困難的事。此外，即使了解秘法的結構，對於那些不以當修行僧（行者）為目標的讀者而言，根本沒什麼閱讀的價值。這也是我遲遲不肯動筆的原因。

大約一年前開始，我考慮要詳盡地談論護摩，是想把這種神奇的「庇佑」（加持）力量，以廣為人知的事為例，引導人們普遍地走上救贖的道路。

要將連用科學方法及理論也無法解釋的「庇佑的神秘」，以讓人最容易懂的簡單詞句來說明，對我而言實在找不到一個下筆的頭緒。此外，排除一切專門用語，用日常生活用語來說明，是否就能行得通呢？我就好像將一塊石頭投入茫茫的黑暗中，得不到任何答案，但無論如何，我打算談的是我所知道的「護摩」。

以所知的庇佑力的神秘，在領受此力的方面，該用什麼樣的態度來與神佛結合，才能得到最有效的方法呢？這也是本書所要討論的中心思想。不管怎麼說，只要接受了神佛的功德，這庇佑力的最大力量，一定會在我們身上實現。

護摩的修行者，必須遵從密教的教規，方能行使秘法。而領受秘法的「祈願主」，也必須遵從密教的教規，才能領受庇佑力的功德，這一點非常重要，希望各位務必牢記在心。

醫生以精湛的醫術為病人施行手術，如果病人本身對所謂的療養並沒有抱持正確的認識，不管醫生的醫術再怎麼高明，都無法發揮其最大效力。

我想，庇佑祈禱也是同樣的道理。本書的目的也就是要將庇佑祈禱的祈願主與神佛感應的規則，儘可能以讓大家都能了解的方式寫出來。

身為密教僧侶，而且站在統理密教祈願寺的立場，我一定要將護摩密法的神力以這本書呈現在各位眼前。並且希望此偉大的神佛力量，能夠讓所有的人都享受得到。

這個心願一直在我心中，隨著筆運行於字裡行間。如果有人在讀了這本書後，能在迷失的道路上看到曙光乍現，那真會教我喜出望外。

最後，我祝福各位讀者平安幸福。

合掌

於大本山寶珠院

# 目錄

## 第八章 有效的護摩祈願方法

## 第九章　護摩祈願的種類與實際

## 附錄　為實現願望而誦經的常識

# 第一章　何謂宗教救贖

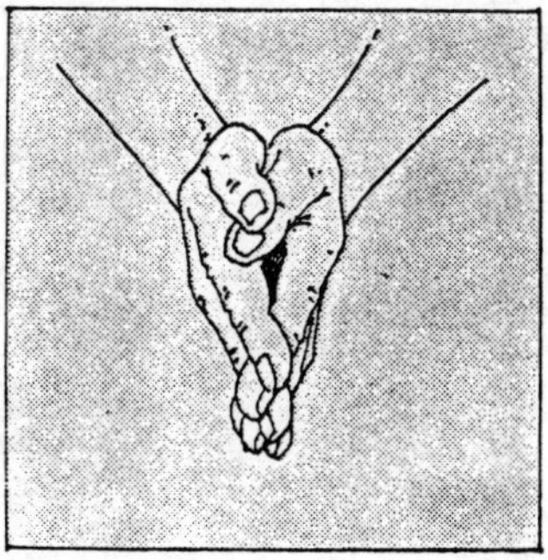

# 1　每個人都有幸福的權利

你可曾想過，在人世間為何會有宗教的產生呢？

宗教之所以產生，正是因為人們不能沒有宗教。就好像食物和營養素一樣，宗教為了撫育滋養人類，而變成了不可或缺的東西，宗教也就自然產生。

人類為了生活而創造發明了各式各樣的東西。道具、火、武器、食物等也就相繼產生。同樣的，我想宗教對人類而言亦是不可久缺的東西，因而經由人類的手與思想而被創造出來。

為什麼人類需要宗教呢？

那是因為在人類的社會、人類的世界以及人類的心中，有著太多的悲與苦。

雖然有人會說：「我生長在幸福美滿的家庭中，心裡面一點煩惱也沒有。」可是難道這種人連感冒都不曾有過嗎？一感冒也就有發燒的可能。一發燒身體就虛。而且這感冒如果沒治好，還可能轉為肺炎。不只是病痛使人痛苦。當你心愛的小孩先你而去世，那種白髮人送黑髮人的哀傷中，必定包含難以言喻的痛楚吧！

不管一個人覺得自己有多麼幸福，他也無法預測何時會有悲傷侵襲他，也無法預知自己何時會被苦痛折磨，而人類不過是如此。

雖然已是老生常談了，然而人畢竟是人，其實是非常脆弱的，不論有怎樣堅強的心，人的忍耐力還是有限度的。

忍耐力就是對悲傷的承受力，或是對痛苦的忍受力，這兩種力量是有極限的。就因為人類有這樣的極限，所以當人類想要無比堅強的生活下去時，很自然的便會希望有一股超乎人類能力之上的超能力支持著他。

正因為人類懷抱著這樣的希望，所以才會有向神、佛祈求的心。

原始人手持弓箭追捕鳥獸等獵物來填飽自己的肚子。但是弓箭的射程有其一定的範圍，五十公尺前的獵物，只要有弓箭，獵人或許便能將獵物射死。然而如果獵物是在超過一百公尺前的崖壁裡休息，即使使用上好的弓箭加上一位百發百中的神射手，也不可能將獵物弄到手。如果獵不到獵物，恐怕獵人的妻子、兒女會因飢餓而死也說不定。

人類力量的渺小，這位獵人一定已深刻地感受到了，於是他會不假思索地面對著不知名的東西祈禱著：「請賜予我力量吧！」如果得不到獵物，這個飢餓的原始人只有死路一條，不論如何也要對超越人類能力的神秘力量獻上自己虔誠的祈禱，非把一百公尺前的獵物弄到手不可。這樣是所謂的神，讓人向他祈禱，唸咒除災。「請賜予我那個獵物！」獵人除了拼命地這樣祈禱外，已經別無他法。但是過不久他便會發現，該用什麼方法來對付那獵物呢？牠可不會自己飛過來。所以獵人可能跑去停在離獵物五十公尺左右的樹枝上，在那樣的距離下終於第一次把獵物射落下來。由於捕獲了獵物，食物有了著落，於是家人免於飢餓，而生命於是得以延續下去。

「神應驗了我的要求！」原始人如此地想著。

原始人深信，在困頓、痛苦以及難過的時候，只要祈禱，神一定會來救他的。以後不管那一天，只要原始人獵不到獵物，他便會跪拜在地上，口中喃喃自語，祈禱著神能幫助他將獵物弄到手。就這樣，人世間因而有了宗教的產生。

人類所能做的事，實在是非常有限的。人類的力量也不過像草木種子的顆粒般渺小。只要稍微受到大一點的痛苦與悲傷侵襲，便會喪失生命力，也可能因為悲痛難耐而發狂。而人類就是這麼的脆弱而渺小。

能夠給予人類脆弱心靈支持的，只有智慧超乎人類而且力量大於人類的神。為了讓人類了解神力的存在，於是就有了所謂的宗教的產生。

宗教對人類而言之所以那麼重要，是因為人們心中一直存有一個願望，他們希望那股令人敬畏、超乎人類之上的偉大力量，能夠為他們帶來幸福快樂生活。

沒有一個人希望背負著悲傷或是滿懷痛苦地生存下去。

人稱的宗教家都必須修行。直截了當地說，宗教家必須先試看看一般人能忍受多少的苦痛，然後再訓練自己能有大於一般人的忍耐力。

所謂修行，是指親自去嚐試痛苦，等到能完全忍受痛苦以後，就算然會重新產生平安與幸福，而後再親身去體驗它。另一種是在能保證有自信完全忍受痛苦後，更深刻的認識自己，於是一步一步往所謂的「悟」的境界邁進。

其實用修行來磨練自己，最終的目的還是希望自己能夠幸福。

沒有人不追求幸福，而每個人都有幸福的權利。

正因為如此，脆弱的人類用盡身心的力量，為的就是想找一個絕對存在的東西，讓自己能夠安心。

嬰兒在母親的懷裡安穩的睡著，這時對嬰兒而言，母親便是那個絕對存在的東西。而對所有的人類而言，能夠有種東西像母親那般的存在是非常重要的。

# 2 人世間苦海無邊

為什麼對人類而言，有一顆像母親那樣仁慈救助的心是必需的呢？實在是因為人世間存在著永無止境的痛苦。

疾病、工作、人際關係、親子間的紛爭、離婚、離家出走、妻離子散、貧困、才能及思想上的煩惱、背叛、憎惡、嫉妒……我們人類被太多的煩惱所困擾著，如果要一一列舉的話，實在是數不完的。

有了以上的煩惱，還有誰能一個人自由自在的生活下去呢？只要活著，人類就無法自煩惱中解脫。

但是人類有時並不會想那麼多，所以經常將煩惱拋到腦後，不去管它，當然，或許這樣做也是無可厚非的。如果一個人整天生活在對煩惱與痛苦的恐懼中，一定會神經錯亂。更正確的說法應該是，人遲早都必須面對悲傷與痛苦，或許將煩惱拋到腦後，就這樣生活下去，反而好些。

即使我們現在非常幸福，但是站在一種比較保守的立場來看，幸福快樂是不可能永遠持續下去的，我想，我們在生活中必須常有這樣的覺悟。

我們所愛的人也是遲早會離我們而去。其實每個人都有面對死亡的一天，這是誰都知道的道理，但是，人們卻覺得那是離自己好遠好遠的事，直到有一天，它就這麼突然而又活生生的呈現在我們眼前。

其實誰都不知道疾病何時會侵襲我們健康的身體，然而在健康的時候我們卻從不會去想過生病的痛苦，所以一當我們生病了便會覺得——哎！疾病真是折磨人啊！而我們也只能將這苦惱壓抑在心中。

只要還活著，只要生而為人，就無法拋開痛苦與悲傷。我們並不知道什麼時候會被捲入愛恨交織、複雜的人際關係中。

生病、悲歡離合、憎恨他人或被人所憎恨、衰老、死亡……有誰能逃避這樣的人生？不管你憑藉怎樣的智慧或財力，都沒有辦法阻止苦惱一而再，再而三的產生。在這種時候，祈禱第一次對人類產生意義，希望能藉著祈禱減少痛苦，並且希望神佛能賜予自己忍受痛苦的能力。

若是更具體一點來說，祈禱的形式基本上有兩個目的，一個是祈禱脫離苦海，另一個則祈禱痛苦能夠減輕。如果以生病的例子來考慮的話，祈禱能夠治癒這個疾病是一種方法，另一種方法則是祈禱神能賜予病人忍受疾病煎熬的力量。祈禱神賜予病患忍受疾病煎熬的力量，與祈禱減輕疾病的痛苦，其實意思是一樣的。

雖然有兩種不同形式的祈禱，但是兩種祈禱卻是一體的，而非個別的，我想兩種形式的祈禱應該說是彼此調合而且相融合。

「請減輕我疾病的痛苦。」

「請賜予我忍受疾病煎熬的力量。」

兩者的最終目的都是——

「請治好我的病。」

像這樣代替祈禱，我想便是宗教救贖的意義。

## 3　偉大心靈的存在與「悟」的哲學

為什麼藉著祈禱可以將疾病治癒呢？這是一種假設，讓我們可以預期人世間真的有可以使人類的祈禱應驗的偉大神靈的存在。

那麼，偉大神靈的真面目，究竟是什麼呢？

或許是那個創造宇宙、支配宇宙的生命吧！

也或許是我們的祖先，昇天之後賦予身體一股偉大的力量，而化為靈魂，並由此靈魂借助我們力量。

不管是那一個，我們眼睛所看不到的「絕對力量」，與我們的意念結合，讓我們可以發現有許許多多的奇蹟與靈驗發生，像這類的事，在無形中更激發人類相信神的存在，並虔誠的祈禱。

其中也有人說，惡神實際上並不存在，所以，我們可以藉著本身虔誠的祈禱，而使自己成為神。

於是，由於心中有神而使自己成為神，再運用自己偉大的力量，改革社會並改造自己，之後有人便會回答，這才是「神」。

像這樣把自己當做神的情形，讓我舉個容易明白的例子來說明。

例如，當一個人受疾病煎熬時，熱切而虔誠的祈禱著：「神明啊！請您治好我的病。」祈禱過後，內心對自己病情的好轉有了信心，而治癒力也就自然的提高，最後終於擺脫疾病的痛苦，其實，這不過是一種心理作用罷了，但卻好像自己是神的化身。

祈禱是一種為了改造自己，而類似某種精神統一的見解。

再者，我們祖先的靈魂，隨著時光的流逝而由一單純的靈魂轉化為神靈，那便是給予我們奇蹟及能力的神秘力量。

也有人認為，我們祖先羽化成神之後具有一種神力，感應到人類的祈求及願望，也就實現了我們種種的祈願。

嘴中唸著前面所提過絕對存在的東西，然後將他的力量賦予我們身上，而讓奇蹟再現，這也是祈禱的方式中的一種。再者有人認為，藉由思考與悟道而從痛苦中掙扎出來，是為「哲學」（救贖的理論）的一種，而這便是神與佛。

將人類該如何思考、行動、生活表現於語言及思想，而後試著去理解。由於這樣的語言及思想包含了救濟人類的真理，於是得以給予救贖，在教義中這些東西對人類而言便是救贖，亦是神與佛。而這在宗教上也可以說向神與佛祈禱。

基督教的聖經與佛教的經書便是表現於語言的思考方式，而這表現於語言的思考方式即是偉大的神力與救贖。此外，語言與祈禱幾乎可以藉由人類激烈的意念與意志，表現出某種神秘的體驗與力量。

如果從深遠的悟道來說，藉著向偉大的生命及絕對存在的力量，祈禱給予自己

大日如來（照耀宇宙的太陽與慈母）的化身
不動明王
（五大明王之一，坐陣於大火炎中，手持劍與繩，為了降服惡魔與煩惱，而做怒目狀。）
水波般的皺紋
智慧之火
智慧之劍
辮髮
繩索
○垂於左邊的辮髮代表眾生。
○哀傷眾人的善惡報應，輪迴不已，在額頭上刻上了水波般的皺紋。
○右手拿著切斷貪欲、憤怒與愚痴的智慧之劍。
○為了綁住未被降服，阻礙神佛前途的東西，左手提著繩索。
○為了消滅內外的惡魔而做出駭人的表情。

救贖，而使救贖顯現出來，一般認為這應該是祈禱的重要姿態。

我經常告訴人們，不要有任何迷惑，也不要猶豫，去祈禱吧！

在祈禱的地方一定能發現光明，這光明的產生可能是由於自己的智慧與悟道，也可能是在某一天，當我們能對給予我們智慧以及使我們悟道的神與佛有所自覺時，便能自然發現光明的存在。不管是那種形式的救贖，我想，是絕對存在的神佛給予我們迷惑的魂魄救贖的這種想法，是絕對錯不了的。

## 4 實現大願望必須有信任力、意志力與庇佑力

真言密教認為，要實現一個願望必須有三種力量，分別是信徒的信任力、修行者的意志力以及如來佛的庇佑力。這三種力量的意思就跟字面上一樣，沒什麼改變，信徒對佛的信心稱為信任力；加上修行者依照許願者的託咐，為了將之付諸實現，以無比的氣魄進行祈禱的意志力；以及如來佛以他本來就有的功德，治癒疾病或是改善險惡的命運的這股佛力。這三種力量合而為一，第一次使實現大慈大悲的誓願成為可能。

舉個例子來說，不管如來佛有多大的庇佑力，在依賴如來佛求取救贖之道時，卻沒有堅定的信心，這麼一來，如來佛的庇佑力是不可能表現出靈驗的。

虔誠祈求救助的許願者，以及修行者，依照許願者的許願內容呈給如來佛的意志力，與如來佛激烈地感應時，便會出現奇蹟般的結果。

生病的人一定會向佛祈求自己的疾病快點好起來，而在心中喃喃的祈禱著：「佛啊！請治好我的病。」並且以虔誠的信仰心合掌唸著：「南無阿彌陀佛」，「南無大師遍照金剛」。對這樣的許願者，修行者依秘儀秘法的規定焚燒護摩，為他祈求早日痊癒，而以其本身充滿無比氣魄的意志力，與如來佛交互感應，這時，佛的力量開始在許願者身上產生作用，使他的病情漸漸好轉，如此一來，證明了如來佛偉大的庇佑力。

當信任力、意志力、庇佑力三種偉大的力量相合為一時，不管怎麼難治的惡疾都有治癒的可能，這便是佛的慈悲，佛的功德。

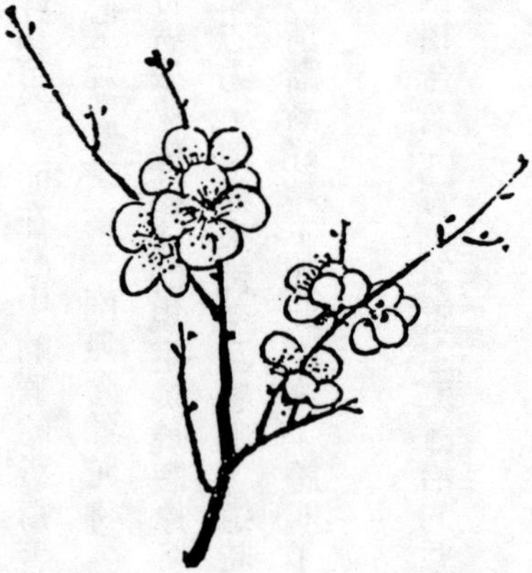

# 第二章　人心與神佛的靈驗現象

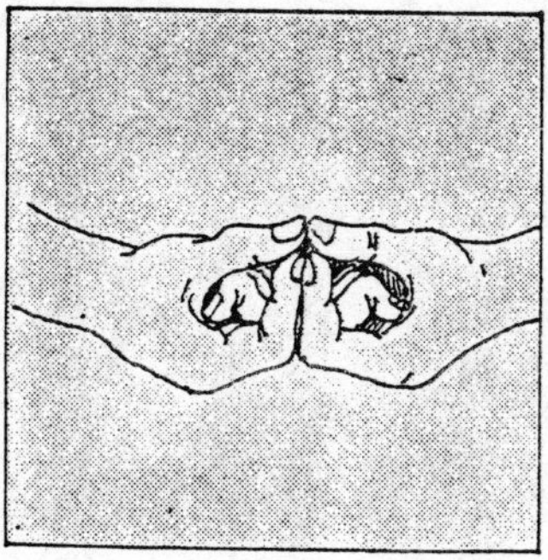

# 1 古代人的信仰心

在醫學、科學與文明都不如今天發達的古代裡，侵襲人類的痛苦接踵而至，並且有許多人類無法勝任的事困擾著他們，在無計可施的情況下，人們開始緊緊纏著神佛不放，希望能得到痛苦的解決，這種情形就像我在第一章所論述的一樣，是可以想像的。

在以前討論對神佛的疑問，信仰心的有無以及宗教派別時，人們對看不見的偉大存在，只是全心全意想得到其力量。

例如，以前生病時並沒有醫生好看病，想治好病，只有指望山中野生的野草，也或許只能無可奈何地在某岩石中挖出一片土來。我們除了祈求能憑藉那股偉大的神秘力量治好我們的病以外，並沒有獲得治病的方法。

在以前即使有像醫生那樣的人，那時候的醫學也一定不發達，所以醫生治療技術水準的低落也是可想而知的。在醫生能力所不能及的地方，人們只管向那股偉大的神秘力量祈禱，即那股超人般救濟人類的力量，在祈求治病以外卻忽略了治病的方法。

另外，如果有接二連三天地變動，或是發生一連串的不幸，這或許是偉大的神秘力量作祟也說不定，這時只有更進一步滿懷誠摯的真心，虔誠地祈禱，除了這樣面對現實外別無他法，然後藉著一心向神秘力量祈禱，使更多的人得救。

目前有許多人便是這麼認為。

「誠然如此！偉大的力量確實會因為被激怒而恐怖地存在著，但是只要一個人懷有信仰心，其願望將有被滿足的可能。」

於是人們更虔誠地投入，也變得信心十足。

當雨下個不停，或是我們住的地方火山爆發，或是農作物受到害蟲的侵蝕而荒蕪時，人們只要一受到這類危險的脅迫，便會拼命的祈禱。也就是說，當所面臨的問題是自己的能力所不能解決的，人們會全部求助於那絕對存在的東西。

古代人祈禱、依賴、跪拜而得救。

沒得救的人在現實中亦存在，不過我想得救的人一定遠多於沒得救的人。我們應該不會忘記這事實吧！

# 2 人類的煩惱與佛的悟道

佛教的引進，已是數千年前的事了，此佛教告訴人類怎樣做才能得救，怎樣做才能過舒適的生活，怎樣做才能安逸閒適地終其一生，簡單的說，這樣的教義是記載於經書裡的哲學。

但是，有許多人並非想身體力行佛教的哲學而獲得悟道的生活，而只是在不明瞭也不唸誦經典的意義的情況下，希望自己能因為偉大的佛力而得救。

對佛抱持這種態度的，不僅是佛教剛傳進時的那個時代的人，即使是進入了十九世紀，仍然有許多人以這樣單純的想法及態度來看待神佛。

許多人幾乎都會深藏自己複雜而曲折的感情，而以最單純、自然的心來面對佛。以前有許多家庭皆供奉佛壇及神龕，並不會有任何不協調的感覺，就這樣點著明燈，過著朝夕合掌膜拜的生活。

任何一個人想起宗教經典中的話，並不是只想喚回哲學的心而得救。

他們之所以向神佛朝夕合掌膜拜，是希望能解除自己的痛苦，並且希望自己的家以及所居住的村莊能有神佛守護著，以保佑全家平安，沒有任何疾病災害的發生。

當然，他們不僅僅理解並信仰身為悟道哲學的佛教。以前的人相信，只要依賴神佛，向他們合掌膜拜，神佛便會給予他們好處及幸運。

換一種說法即是，人們已逐漸將神佛當做一股救濟人類的偉大力量。那麼，活在現今社會的我們又如何呢？現代人活在進步的時代裡，大部分的人都受過教育，所以，不再單純的全盤接受宗教，而是以批判性的眼光、理性的思考來決定是否接受某宗教。

然而，像這樣的心，其外表就好像青蔥一樣，一層一層地被剝去，其實在我看來，只要仔細觀察這些心便會發現，現代人對神佛所抱的態度與古代人相比，並沒有多大的差異。

信仰的目的是為了過幸福的生活，希望能享受神佛的恩惠，不要讓災難降臨我們身上；而現在正深陷痛苦中的人則希望能馬上從痛苦中逃脫出來。

對人類而言，所謂的信仰心，不管以那一種形式，都可以使我們得救。

## 密教的法器

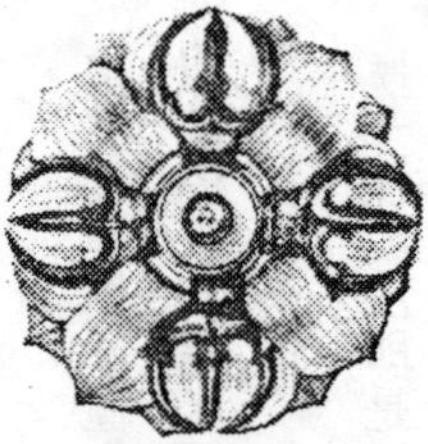
羯磨與羯磨台

獨鈷杵

三鈷杵

五鈷杵

六器

火舍

五鈷鈴

許多人分別屬於各種不同的宗教教派，如果佛教亦分派的話，就是屬於佛教的教派。一個人究竟隸屬那個宗派，完全是決定於祖先的習慣，而不是依自己的宗教觀及信念來做選擇。

佛與神以及其他的宗教，事實上彼此渾然而為一體，沒有什麼差別，而人們也持續不斷地祈禱，證明了古代的信仰心並沒有改變。

當領會宗教人間救贖的哲學時，其信仰的對象始終只有一個，由實踐自己所選擇的宗教教派的教義而得救，也因此，教派這東西有著很深的含意。

然而，人們向宗教所要求的利益，卻越來越功利，越來越直接，於是只要有能幫助自己的偉大力量，就不管教理教義，自古即有的宗教或新興的宗教，人們只向能解救自己的超乎人類之力量祈禱。

但是，這並不證明人類的愚蠢，事實上，人類本來就是脆弱的，並沒有辦法因自己的智慧及意志而脫離煩惱，只能懷著一顆依附強者以求得救的心。

# 3 真言密教的祈禱與秘法

由弘法大師傳入日本的真言密教，是佛教的一種型態，或許我們應該說，真言密教是藉著神秘的秘法，而以救濟人類為目的的一種宗教。

實際上，真言密教是神秘體驗的宗教，它能讓我們體驗肉眼看不見或五官感受不到的東西，而與神渾然成為一體，也因此而得救。

為了要體驗肉眼看不見，耳、鼻、舌、皮膚所感覺不到的神秘事物，秘密儀式與修法是相對必要的。藉著秘密儀式與修法得以深深的瞑想與靜觀，而和佛合而為一，這是密教的基本。

像這種自己的神秘體驗，有時亦可將其佛的功德遍及於其他的人，至於這種想法，追本溯源即成為普渡衆生的宗教。

這是一種民胞物與大慈悲的心境，對真言密教而言，也就成為所應該具備的心態中最重要的一種。

修行密教的秘法後有一項使命，必須將庇佑感應的利益，遍及我們人類的生活

密教的佛祖
大日如來
大日如來是所有菩薩的本源，亦是地位最崇高的佛，他照耀並孕育萬事萬物。

，我們簡單地以三密庇佑來稱呼這秘法，三密便是在手上烙印、口中吟誦真言，並且在心中唸佛，而至立地成佛，然後自己成為佛的化身，同時具備有身、口、意三種機能，此時我們便可以說，我的身體被神秘的意志所籠罩，而佛的三密亦表現在我們的身、口、意上。

如果完成秘法，並與佛融合為一，並不須做其他任何事，便可以普渡衆人而實現大慈大悲的誓願。

在佛的世界中沒有迷惑、疾病與悲哀，生病的人與神佛融合為一後，疾病便自然消失，並在生活中回復健康的身心。

當我們在充滿煩惱的海上漂流，受盡折磨時，如果能根據真言密法的祈禱和秘法與佛合為一體，自然能撥雲見日，擺開煩惱，這時我們便可以發現一個得救而獲重生的自己。

# 4　疾病與心的關係

人類為何生病呢？當然是因為受到細菌感染，使肉體細胞的組織發生變化，或是因為攝取食物的緣故，而使病菌侵襲身體。而人類也有許多疾病，是不管如何注意，預防或做健康管理也沒有辦法避免的。

但是，在這些疾病當中，卻有許多可能因為人類心靈的狀態而除去疾病，恢復健康的身體，我們稱這種依自己的意志力而使疾病消除、迅速恢復的是一種「自然治癒力」，自然治癒力是人體所具備不可思議的生命力。

人體具備一種可以左右心靈，並且可依人類堅強的意志而增減的神秘力量。

當我們在內心祈禱神保佑我們身體健康，而使人類偉大的生命力與神佛的庇佑力相感應時，此「自然治癒力」便會大增，我自己便曾經看過這樣的例子。

有兩個人同時生病，其中之一虔誠地祈禱神佛保佑他的疾病快點好起來，另一個則只是在悲嘆自己的命運不好，這兩個人比起來，那個相信自己會痊癒的人，病情一定會以驚人的速度好轉，為什麼會這樣呢？這便是與我剛剛所說明的「自然治癒力」相通，戰勝疾病的堅強意志力是給予生命力活力的泉源。

藉由祈禱而使力量增強的自然治癒力，可能是因神佛的靈驗，他或許是因為存在人體內的那股神秘力量，這兩種看法因人而異。我想我們可以說人的心靈與疾病有密不可分的關係，所以「疾病起因於氣」所表示的意思，自古以來便可以從語言中看出來。

只要充實自己的「氣」，而向神祈禱的話，疾病一定有痊癒的可能。

人類的心與神佛的神秘力量緊緊地結合在一起，如果能好好地調和這兩者，便能抓住自己的幸福。

# 第三章　關於心靈治療與密教

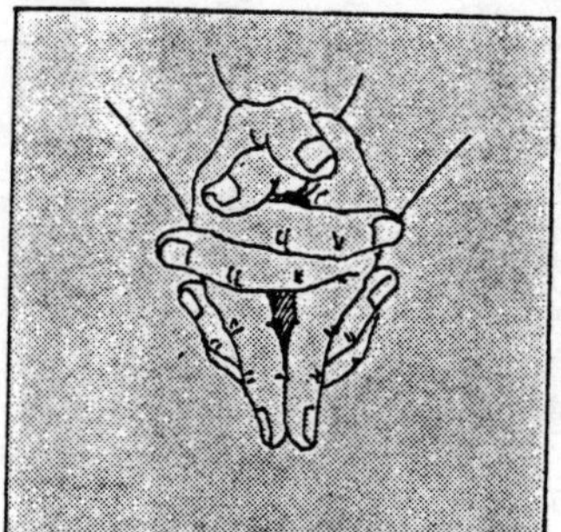

## 1 神靈與心靈的差異

在密教的寺廟裡，常常有受疾病之苦，或是心裡有煩惱的人要求為他們祈禱，於是我們便會為他們做真言密教護摩秘法裡的庇佑祈禱。

所謂的因果和因緣有相當密切的關係，我們可以將生病或遭逢惡運解釋為是因果因緣作祟的結果。

以下亦是因果報應的原理，由此原理看來，我們會遭逢種種障礙，而我們現在所有的惡運與疾病，其實都是背負著前世罪孽的因緣。

我們可以藉著祈禱去除此罪孽因緣，改變命運也就變得相當重要，而這因緣解脫的祈禱，必須依照密教的護摩秘法來舉行。

為什麼藉著祈禱可以治癒惡疾，改變惡運呢？

就像我前面所說的，當一個人生病時，其所擁有的自然治癒力和生命力，會因為堅強的意志力而增強，但是祈禱不只能治癒疾病，藉著祈禱也有改善命運的可能。

因貧窮而生活困苦的人，可以利用護摩秘法，而改善自己的命運，擺脫窮苦的折磨。

有許多得不到好姻緣的女性，在接受護摩秘法之後自因緣中解脫，終於得到天賜的良緣，像這樣的例子有很多。講到祈禱的效果與靈驗，我所想到的不只是自然治癒力及生命力，還有那股實在存在的神秘力量。

那麼，那股能奇蹟似地解決人類困難的力量，究竟是什麼呢？

那是宇宙的神秘與超自然的力量也沒辦法表現出來的，甚至連科學方法都無法證明，只知道它是一股確實存在的大力量。

然而，這股神秘力量為何能答應人類虔誠祈禱的要求呢？這個疑問確實是值得我們深思的地方。

佛教及基督教的教義中都沒有記載人世間存在著神秘與魔力。

雖然與一般的想法不同，但也有人認為，在所有造成人類不幸的原因中，其中之一便是身體已死，心卻仍留在人世間的死人的「靈魂」，就是說，有人認為那些沒有成佛的靈魂，是造成人類不幸的原因之一。

為了慰藉這樣的靈魂，由高僧充當講師，在寺廟招來信徒講授祈禱的方法，類似這樣的記載，我們在古代的書籍中便可以發現，這證明了為了防止災害或慰藉死者的靈魂，宗教自古以來便與這些事情息息相關。

也就是說，從以前開始人們便相信靈魂具有特殊的能力，而防止他們作祟並慰藉他們的靈魂，也就成為宗教家的任務。

我想如果靈魂這東西真的具有神秘力量的話，那麼祖先的靈魂可以為現世子孫帶來幸福與不幸的說法，似乎有某種程度的可信度。

這種說法也與因緣有很密切的關係。

最近類似「守護靈」或「守護神」這類的名詞相當的流行，而所謂的守護靈、守護神便是指自己祖先的靈魂。

祖先的靈魂為了守護著子孫而擔負起像神一樣的角色。

「請賜予我好的命運！」這樣祈禱著的心與守護靈互相感應，改善了自己的命運，也為自己帶來幸福的生活。

但是，也有人認為改善人類命運，治癒人類疾病的，並不是所謂的靈魂，而是存在大宇宙中的神秘力量與救濟人類的力量。不管那種想法才是正確的，這正是神的靈能，一般人並不認為「神靈」與「心靈」的不同，可以這麼簡單地區別出來。

傳說中人類死後在靈界反覆地修行，藉著輪迴轉世，一次又一次地往返於人世間，而靈魂也漸漸地向上淨化，最後得以進入神界。

進入神界後的靈魂就不再是我們祖先的靈魂了，而是具有崇高名望的「神」。誠然如此！當人類的靈魂向上淨化成為神之後，便能得到人類的想法、願望等等的訊息，並且能聽取我們僧侶給他的意見，這是一點都不奇怪的，我想，曾經是人類祖先之靈魂的神，一定能更容易地與人類的祈禱互相感應，但是，我不敢斷言這種說法是否正確。

「不！靈魂是以靈魂存在，而神靈是以神靈存在。」也有抱持這種想法的人。神是宇宙的法則，而這是一種神秘的現象，就像前面所說的，這是一種眼睛看不見的力量。

為什麼這種非人格的力量可以對我們的想法有所反應，並且給我們好處？很遺憾的，我想沒有一個人知道為什麼。

但是我們好像能夠相信支配宇宙的絕對力量——大生命可以引導人類，給予人類生命力。

對此大生命，給予他強烈的力量，是密教的一種秘法，我們可以將它想成是如來佛的庇佑力，其說法的一種表現。

包羅萬象是大日如來（佛）的大生命的最高表現，不管是花草樹木，都是大日如來的化身，我想應該將如來佛的存在，想成和神靈是一樣的。至於對此神靈則應該開闢出一條通路，並分開現實改革的力量，我想這並不能說是有利益的靈驗。我認為時常利用密教的護摩秘法來做心靈治療，是因為此神靈與人類的願望非常強烈地互相感應者。

雖然具有超能力的強人可以因為在心中吟著如來佛而與神靈結合，但是如果能加上三密庇佑秘法的話，一定能更確實地獲得感應。

## 2　靈的障礙與不可思議的因緣

我見過許多內心有煩惱的人，並且很冒昧地與他們談論有關人生的問題，而我就這樣過了大約三十年。

與這麼多人相遇，在我為他們向神佛祈禱的過程中，領會了所謂的「降靈法」。所謂的降靈法，照字面上來看，是指將死人的靈魂降於某人身上，降靈之後我們便可以相信，生病、不幸、惡運等等是起因於靈的障礙。

被靈魂詛咒後的人生，那些在我們意料中的疾病，不幸便會歷歷呈現在我們眼前。至於我的降靈法是絕不使用靈媒的，我要讓受詛咒的人親身體驗，而相信靈的存在。

降靈的必要性與價值就在於它能讓我們與靈對話，而我們藉著與靈對話，了解這些成不了佛或是浮遊的靈究竟受什麼之苦，又對我們有何要求，了解之後，我們便能夠盡全力滿足此靈魂的要求，並且相反地拒絕他的附身，也就是採取所謂除靈的方法。

那些不被供奉而被任意丟置的靈魂，或是在人世仍有心願未了，卻不得不了結生命，或是受人詛咒而死亡的靈魂，加上那些人們理也不理，隨意棄置的靈魂，當他們附身人體，便會造成人類肉體上的不調和，乃至生活上處處不順心，類似這樣的例子有很多。

靈魂帶給人類類疾病與不順的現象，就好像靈魂向人類傾訴他內心的不滿。

至於所謂的靈障，在我看來那便是靈魂的「警告」，或是其「不滿」的聲音。

降靈之後當我們與靈魂對話時，可以聽到靈魂悲慘的叫聲與詛咒，清楚地傳了出來，只每我們有耐性地仔細聆聽，便可以聽出靈魂詛咒的原因，以及他的要求，而在滿足他的要求後，便拼命地對此靈魂說：「請您離開這個人的身體」。如果與靈魂的對話進行得順利的話，便可以看到在這個人身上的所有不順與惡運，都奇蹟似的獲得改善，就好像做夢一樣，也就是說，靈障已經解除了。

附身的靈魂不見得是自己祖先的靈魂，也可能是與自己全然沒有血緣關係，只是碰巧在附近徘徊的靈魂。

像這樣被靈魂附身，從遠一點的觀點來看，是因緣因果的結果，然而這裡所考慮的因緣，我想僅只是和附身的靈魂區別罷了。

那麼，人類是沒有辦法從因緣中解脫了。

如果沒有因緣的存在，也就不會有任何事情發生了。

而我們便是因為祖先的因緣而生活在這世界。

不管人們喜不喜歡，我們都是因為因緣而生存著，而且在生活的同時，又自己創造出因緣來。而我們也常在不知不覺中，將因緣這樣的詞句，運用在我們的日常會話，例如：

「那是因緣！」

「真是惡因緣！」

這樣的使用方法，若是用令人容易懂的方法來解說的話，應該可以說我們的祖先在血統上聯繫著我們的宿命。

每個人都有父母，而父母也有自己的父母，那麼對我們來說，便有四個祖父母。而這四個祖父母也各有他們的父母，於是我們有八個曾祖父母。

如果這樣探究下去的話，自己的祖先將會一倍一倍地以驚人的數目出現。

由這麼多的祖先才能造就出一個我，這是因緣的法則。

在這些衆多的祖先當中，有的在靈界中修行，有的則是抱憾而終，而有的更是在人世間有心願未了，抱著對人世的依戀而死去的，這些靈魂並沒有什麼差別。如果將這看成是一種因緣靈，便可以了解自己所碰到的事，其實是命中註定的。

在這些因緣中如果有非常嚴重的，或許也會有非常輕微的。但不論如何，像這樣從祖先脈脈相傳的因緣，在我們的血液中流著。

祖先因緣的偏頗，會給生活在現世的我們帶來各種不同的影響，這些影響包括壓力、痛苦、或是不甚良好的健康狀態，而我們便在我們的人生旅途上承受著這些痛苦，或許這可以說是我們因為祖先的緣故而在現世修行吧！

這裡所講的修行，則是指修正在靈界的祖先靈魂的汚點以及因緣的偏頗。

也就是說，子孫代替祖先償還他所留在現世子孫身上的債務。

如果能這麼想，就不見得會抱持著從現實生活的痛苦中逃開的願望，而把自己的辛苦當成是在承受祖先的因緣，並為祖先償還債務。將現在自己所處的艱苦際遇，由淨化祖先靈魂的觀點來看，便可以說是有這一層的意義。

然而，這一切似乎太苦，也太過分了，一個人為了祖先忍耐痛苦，只為了替祖先償還前世未了的債務，而自己卻變得什麼都不是。在這種時候，人們開始想要斷斷所有與自己有關的因緣，好改善自己的命運。

在佛教的想法中有所謂的「因果報應」。

而因果，簡單的說便是「原因與結果」，當所有的事實與現象都被成立了，這些被成立的事實與現象便稱為因果。

至於所謂的「因果報應」，由於因和果互相對應，有什麼樣的因便會有什麼樣的報應。「善因」必有「善果」，而「惡因」必有「惡果」，這種想法是從「善惡報應的道理」中引申出來的。

所謂惡因必有惡果，從字面上來解釋的話就是說，不好的行為會招致不好的報應，也就是不好的結果。

例如，一個人受重病的折磨，嚐盡了痛苦，這可能是因為自己在前世做過什麼壞事，或是祖先因緣的作祟，而在今世受到報應，這也可以和因緣的情況相通，必須藉著護摩秘法改變自己的命運。

## 3　根據密教秘法來除靈及消災

我在前章中曾經說過，人類可以藉著自己所具備的「自然治癒力」及「生命力」，根據密教秘法而與佛相感應，增強自己的力量，以治好自己的病，但是在被靈魂附身而造成靈障的場合，根據密教秘法的說法，除靈與增強自然治癒力所該做的事是一樣的。

根據密教秘法所進行的除靈，當然必須要有佛心的運作，所以除靈的秘法也必須具備有佛的三密。

參考大師所流傳下來的秘術之祈禱，再根據純正密教的秘術來除靈。

進行以除靈為目的的護摩修法後，如果除靈成功了，可以看到像是靈體的影子隨著護摩火陷的搖動而出現，在它被吸進曼陀羅（佛壇）中的時候，我們可以微微地看見，像這樣神秘的體驗與降靈是相同的，這兩者皆能讓我們認識靈魂的存在。

當這個靈體被吸進曼陀羅後，大部分人的病便可以馬上好轉，而命運也跟著明朗起來，事實上，我認為驚異的護摩秘法是除靈成功最精彩的證明。

雖然說人類的不順或生病的起因是由於祖先的惡因緣，或是附身於自己身上，沒有成為佛靈的靈障，但是有時也可能因為住家或墳墓風水的障礙，而有極少數則是因為生靈的障礙。

從住家的風水來看，因為忽略了方位方面的注意事項，並且在不適合的土地上建造自己的住家，而使土地所擁有的能量之放射變為反常，而給人類帶來了諸多障礙，上述的事情也可以利用真言密教的秘法，使土地之能量能正常的放射，並壓制住那股不好的氣，這與除靈具有相同的效果。

同樣的，墳墓風水的障礙，是因為忽略了靈的因素，建造墳墓，而受到靈魂不好的波及，這也可以根據密教的修法逃離障礙。

真言密教的「庇佑祈禱」的「庇」字，是指佛所擁有的大慈大悲，而加上信徒們的信仰之心便成了「佑」。信徒深信佛的慈悲，並接受佛的慈悲，而這便是所謂的「庇佑祈禱」。

密教的秘法——護摩法
以因應現世利益為目的的護摩，一般來說可以消災除禍、增加利益、調合身心以戰勝邪惡，並且使人懷抱尊敬及親愛的心。具有特效靈驗的護摩秘法將許多信徒從苦海中救出來。

庇佑祈禱是秘法的一種。接受庇佑祈禱的人，擁有逃離靈障的強烈願望，若是再加上他們對庇佑秘法的信心，則一定有除靈的可能。

也就是說，接受祈禱者對庇佑秘法的強烈信賴，以及對脫離現狀的堅強意志，可以讓佛感應得到。

除靈與這是完全一樣的。只要有脫離惡靈，恢復正常的自己之堅強意志，佛的慈悲一定會幫助此人除去惡靈的。

## 4 祈禱的自我淨化與心靈治療

在心靈治療中所謂的祈禱，是指將自己的意志完全集中於一點，並且懷抱著強烈的信心。如果沒有信心的話，又如何能祈禱呢？因為祈禱其實就是所謂的相信。不管擔心的事或是不安的感覺如何侵蝕自己的心，都必須馬上將它們自心中除去，只管一心一意地集中自己的意志來祈禱，這對心靈治療是很重要的。

如果心並不在此，卻合掌對上天的神佛祈禱，像這樣是絕不可能有奇蹟出現的，而如果不是發自內心誠懇地向神佛祈禱，當然不可能完成除靈與心靈治療。

祈禱的狀態所須要的是一顆純潔的心。

純潔的心所指的是善良而未受污染的心。

一個人在向神佛祈禱時，卻一邊想著邪惡的事，並且在心中抱著對他人的憎恨，這樣子祈禱是絕不可能有效果的。為了與神佛感應，一顆純潔的心是第一要件。

這就像前章所說的，與神佛感應必須具備三大條件──信徒的信任力，修行者的意志力以及如來佛的庇佑力，尤其如果信徒的信任力是以一顆純潔如白紙的心做基礎的話，將會展現出更大的效果來。

所謂以純潔的心來祈禱，換個說法便是以真誠的信仰心來接受神佛。

所謂的庇佑祈禱，是只依照修行者的秘法，將佛的光輝照耀在祈禱者的心上。能夠對抗疾病的自然治癒力及生命力，也是從這種純潔的心中衍生出來的。

以密教秘法祈禱疾病痊癒，而病情果真快速好轉的例子實在非常多，我自己便親眼看過許多這樣的實例。

另外，我曾經和許多人暢談人生，其中有一點我可以確信的，那便是很多人在信佛之後，不僅病治好了，運也跟著開了。這就像前面說過的，信仰心可以促進自然治癒力的增強，這是因為信仰心可以同時使信教的那個人達到質的變化。

這是因為過著祈禱的生活，能使一個人的心逐漸成為「純潔的心的狀態」，而這種例子有很多。

「那真的能治好我的病嗎？」

「我可以一輩子逃離這種痛苦嗎？」

「治療費很高吧?!」

「光靠信仰真的能救我自己嗎？」

抱著這樣的雜念，並且滿腦子煩惱地來面對神佛，當然不大可能打破現狀。

如果不論身心都充滿了壓力，自然治癒力便沒有增強的可能，而這種人本身當然也不會有改變自己命運的意志力。

以所抱持的信仰，誠心誠意地向神佛祈禱，並在內心深處虔誠地唸著佛，這樣的態度便代表了擁有一顆純潔如白紙般的心，如果持續這種心的狀態，便會在不知不覺潛移默化中，在自己身上產生了「本質的變化」。

如此一來，生命力與生活力便會生氣蓬勃的躍動。

在心靈治療時採取祈禱的方式，我想是因為凝取此純潔心靈的狀態，而使自己在一瞬間，那種變革的強大力量躍動了起來。

# 第四章　神想觀與密教的立地成佛

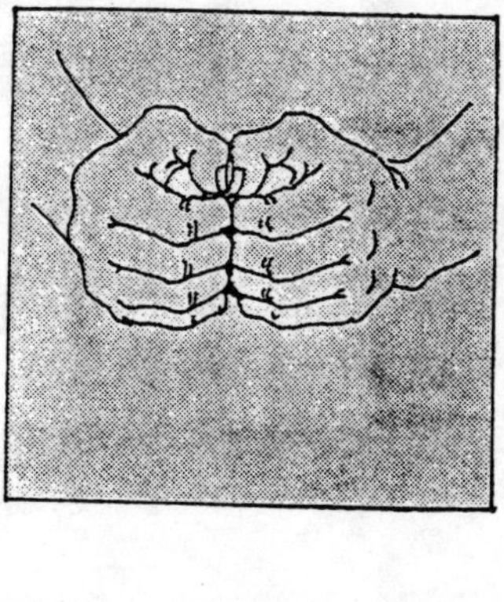

# 1　與偉大的物體融合為一

神想觀這個名詞，是在前些年，由已故的谷口雅春大師所說出的。這位谷口雅春大師在宗教活動中，自始至終都在講解著「人」即是「神」的教義，而這便是所謂的「神想觀」。

「人性」中存在著「神性」，說起來這「神性」應該稱為「靈的自我」。當這個蟄伏於我們體內的「靈的自我」萌動後，我們可以藉著磨練「靈的自我」，而使自己成為「神」，谷口雅春大師是這麼說的。

「神想觀」就像這樣，若是照字面上來解釋的話，便是「藉著心中有神而使自己成為神」。

我年輕時曾經出席谷口雅春大師的演講會，聽他講解教義，而在我近半世紀的宗教活動中，我一直把這些教義當做我的目標之一。

當然谷口大師的學說中，並不只有神想觀影響了我，但是，我一直將以「人即是神」的教義為核心的神想觀銘記在心中，並且將它活用於我的宗教活動中。

更具體一點來說，我身為一個密教僧侶，一直不想放棄任何追求「人即是神」這項真理的機會。至於這個蟄伏於人類體內之靈的自我，依照我的分析，可以將其變成像人類的思想一樣人性化。而為了追求這樣的結果，我走上了密教之路。

在密教中也有「立地成佛」這個觀念，在我自己成了修行僧後，當我親身體驗那種神秘時，終於對佛教的悟道開了竅，簡單一點來說，我與佛融合而為一體。

我認為這種「立地成佛」的想法，從某一方面來看，與「神想觀」非常接近，也就是說，當人們在心中虔誠地想著神時，便能在無形中與神佛逐漸接近，最後終於得以與神佛融合為一。

然而，雖然說神想觀是指一個人可以藉著在內心深處虔誠地想著神，而與神合而為一，但是還是須要根據密教的秘法添加些舉動，藉著這些舉動，便可以更直接地與神佛接近。

與偉大的大生命融合為一體時，輕微的悲苦都會消失這是不用說的，而再根據情況的不同，疾病亦有被根除的可能。

谷口雅春大師在他所著的「人類無病的原理」這本書中，做以下的論述。

「使疾病痊癒的力量，是來自於自己的生命，而非來自其他的物質，依賴其他東西的人，便是忽略了自己。生命並不是存在人體內的神、靈等物質，生命主宰著人類的心靈智慧、知性、感情、意慾、思想、本能等主觀性的工具，也主宰著人類肉體這客觀性的工具，而在這些工具中有著許多不同的角色，這些工具都各自具有某種作用，但是如果『生命』並沒賦與他們動力的話，也就發揮不了任何效果。」

如果靈主同體是真理的話，那麼肉體就不光是「工具」而已，因此，對此工具而言，將其注入生命是非常重要的，於是，一邊在心裡虔誠地想著神，一邊告訴自己非成為神不可。

立地成佛也是同樣的情形，藉著存在自己肉體中的佛，與自己空洞的肉體分開，而表現出靈主同體的真理，於是改革現實與治癒疾病的偉大力量得以發揮。

我們在內心深處虔誠地想著這偉大的物質，並且希望自己無論如何能與此大生命融合而為一體，為的便是這個緣故。

就真言密教修法的目的來說，便是修行者在領悟秘法後，與大日如來一體化，如果這麼說來，我想這也可以算是神想觀的一種型態。

但是在神想觀中並沒有添加任何舉動，也就是說並沒有伴隨著任何秘密儀式的修法，而在密教中卻添加了一種秘密儀式的修法之型態。

在人類的小宇宙中，存在著大日如來這個大宇宙的說法，並不是以人類渺小的理性與知性所能理解的，而這份理解，正須要涉及神秘的直覺的領域，因此秘密的修法可以說是絕對必要的，這便是密教的精髓。

神佛進入我心中，而我又進入神佛的境界與其合為一體，我想應該可以將這種看法視為入我、我入的統一。

如果能達到立地成佛的境界，便會有一股不可思議的神佛力量在運轉著，能使我們產生治癒疾病，消災除禍的大力量。

## 2　面對光明打開心扉

就神想觀的原理來說的話，在人世間所呈現出來的任何景象，其實都是依人類的思考以及內心所想的事而表現出來的。

也就是說，如果一個人心裡老是想著貧窮的話，便會開啟一個貧窮的世界，但若是想著富有、想著幸福，便可以創造幸福的生活，而使自己成為一個富有的人。

在人類中常常有些人，儘說些愚蠢的話，並且對生活抱著種種的不平與不滿，我們偶爾碰到這種人，他便會大嘆家庭不如意，事業不順心，並且絮絮叨叨發些對生活不滿的牢騷，像這樣在日常生活中，滿腦子想的都是現實的黑暗面，終將為自己帶來惡運。

這要是說得極端一點，便是走上一條與心中有佛相違背的道路。那些灰色的想法，就好像細菌一樣，侵襲我們全身，使我們感染上濾過性病毒，而掉落不幸的深淵裡。

人類常常會在面對光明的時候將自己的心扉打開，而我則認為，如果沒有追求光明的心，就沒有辦法生存下去。

「我的心一直很滿足。」

「我很幸福。」

如果每天心裡都抱持著這種想法而生活下去，臉上一定時常帶著笑意，並且把這種明朗而愉悅的氣氛傳染給自己周遭的人，把幸福的種子撒落在每個人心田。

我想，當一個人與神融為一體後，自己便能散放光芒，照耀別人，使別人也走向光明。

一個擁有財富、光明的心或是超凡智慧的人，不能光是對自己所擁有的這些光明面自鳴得意，還必須存有一種意念，在心中描繪自己人生的樣子而生活下去，這是很重要的。

我們不得不相信，在我們心中所描繪出的景象，將會投影在我們的現實生活中，而成為一種事實。

我是個不幸的人；我是個卑微的人；我是個沒良心的人，如果一個人心中老是存在著這種對自己否定的想法的話，這些灰色的思想，將會在現實的世界中為自己帶來一些灰色而晦暗的現實生活。

為什麼這種負面的心沒辦法與神佛同化呢？

因為神佛代表著光明、幸福、希望與和平。

為了與神佛結合，首先便必須使自己成為光明、和平、希望的象徵。

在心中虔誠地想著神的人，常常在面對光明的時候，將心扉打開，因為我們的眼睛一定會追隨光的方向。

## 3 無我的心與感謝的心

佛教中有無我這個名詞，我們並沒有必要將所謂的無我想得太難。無我也就是摒除所有的雜念，而使自己的內心空無一物，就像白紙般純潔。當在為達到立地成佛的境界而修行時，當然無我是必須的，而在行使所有密教秘法的場合，無我的狀態當然也是第一要件。

佛教修行中所謂的坐禪，便是為了展現出無我的一種修行。

在谷口大師的神想觀中記載著：「想進入神想觀的境界，必須唸著：『現在，我已遠離了五官的世界而進入神想的世界。』」

五官是指眼、耳、鼻、口、皮膚等五種感覺器官，摒棄在捨去這五官後的所有雜念，表示進入了無我的境界而只一心一意地想著神。

另外，無我不只須要修行及精神統一，還須要在生活中保持自己精神的純淨。像「我」或「俺」這些自我主張的心態，都稱不上是無我。

所謂的無我指的是一個人必須捨棄自己本身，但是這點在此並沒有任何主張或強調。「小」中有「大」，「有」中有「無」，融入廣大無邊的真理中的這顆心，已成了「空」的狀態，而這便是「無」。

至於為我們的身體造成以上的狀態，並非用說的便能輕易地解釋清楚。如果追根究柢來探討的話便會發現，一個人並非依自己的意志，而是受到許多物質的支配而活。

從我們呱呱墜地起，便靠著父母的養育、師長的教誨，以及朋友之間的交流而造成完整的自己，並使自己成長。

當一個人覺悟到自己與他人及自然的接觸，以及受到無限的宇宙中一顆富神秘色彩的慈悲之心所培育的生活便是自己的人生時，就會在心裡盤算著非報恩不可。

釋迦牟尼曾經在其教義中告訴別人要報四恩，而真言密教的始祖——空海和尚亦會要求人們實踐父、母、國家、一般大眾這四種恩惠的回報。

而大師自己本身也為了實踐四恩的回報，以及解救眾生而雲遊各地。

因為他人的緣故而得以生存下去，於是盡己以報眾生之恩；因為他人的緣故而得以生存下去，於是合掌表示感謝的心，以上是由無我的心及感謝的心所產生的宗教性的生活方式。

感謝的心與虔誠的心相通，而再由虔誠的心發展成為祈禱的心。

## 4 相信的心與精神統一

不管是對神想觀而言，或是修行密教的秘法，精神統一，亦即一股信任的力量，不用說，當然是非常重要的。

我們都是神的子民，雖然說在我們體內蟄伏著一股無限的力量，但重點卻是我們該如何將這股無限的力量表現出來。

再者，我們該用什麼方法，將蟄伏於我們體內的「神秘」轉化成力量，而與信仰及秘法結合。

有許多人不知道如何發揮那股力量，而做無謂的努力，這是不可否認的事實。

將力量分散再將其擊出，不管在任何情況下都可以說是非常微弱的，不用說，當然只有集中力量再一舉將力量放出，才有辦法得到最大的效果。

谷口雅春大師對神想觀也做了類似以上的論述。

將我們的精神力量一點一滴的散放出來，並沒有辦法發揮十足的力量，我們必須將精神統一，並且將信任力凝聚於一點，而抱持著洋溢的充實感，以激進的氣魄向神佛將力量發揮出來，這是很重要的。這些所謂的「精神統一」、「信任力」以及「意志力」是須要某種程度的訓練的。

不管是對神想觀而言，或是修行密教的秘法，如果尚未熟練以上的方法，將會使神想觀及密教秘法成為妄想觀或是雜念觀，而至於說到與神佛合為一體，則是絕對不可能的。

雖然說修行者堅定的「意志力」，加上許願者的「信任力」和如來佛的「庇佑力」感應後與神佛同化，是為立地成佛的秘法，但是如果攙雜著妄想和雜念的話，最後只有使這難得一見的秘法成為一場空。祈禱的世界便是利用堅定精神之燃燒的咒術。

為了要完成此改革現實之最高精神的秘術，培養精神力的訓練是必須的，但是，所謂精神力的培養，未必是指特別的苦修，就一般信徒而言，只求與修行者同樣的修行就可以了。

我並沒有把這種事情想得很難，偶爾也可以再試著做一下閉目沈思，虔誠地想著神佛的簡單訓練。

另一種方法之一，是在心中唱誦佛經，這也是頗具效果的一種方式。在多次的訓練後，便能自然地將意志集中，而最後得以與神佛溝通。

當密教寺院以修行者為媒介而進行護摩修法時，除了修行者虔誠的祈禱外，同時還要加上託付祈禱的許願者運用平日的訓練，以激進的氣魄與神佛溝通，這是相當重要的。

此外，在平常的生活中虔誠地想著神佛時，我想那將會是一種發自內心而流露出的喜悅。

我內在的神性乃是由我本身的精神狀態所磨練出來的，我想當一切轉變為與神融合為一體的境界時，一定非常的美好。在平日掌握信仰心及精神統一的訓練，一旦在想著神佛時發生了效果，而得以迅速地獲得感應，與神佛合為一體，這種快樂大概只有當事者能體會吧！

想像自己神遊在沒有疾病、迷惑、與煩惱而能安身立命的境界，這是一種信仰的喜悅，但我想，這不也可以說是一個將佛的心意，當成像自己的血肉一樣親近的信徒。

# 第五章　在護摩秘法上所看到令人驚異的靈驗

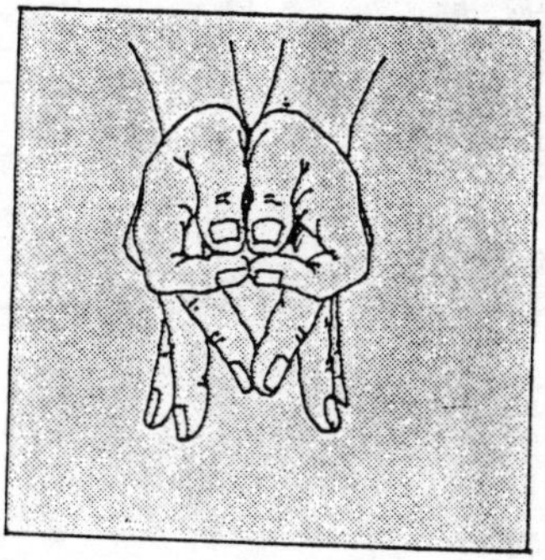

## 1 密教祈禱中許多靈驗的傳說

密教的祈禱中有許多奇蹟似的靈驗傳說，相繼被流傳著。

接受那些修行護摩祕法的信徒所託負之祈願的密教寺院，常常會收到許多信徒的感謝信，這些信徒都是因為密教的祈禱而改善了自己的命運。

目前在我們的寺院，每年也都能收到許多發自信徒對庇佑祈禱驚人靈驗的喜悅之鳴。

「沒有希望復原的惡疾竟然被治好了。」

「已經走到窮途末路的生活，沒有任何生存下去的指望，竟然因為密教的祈禱而恢復了生機。」

「由窮人往上爬而成為富翁。」

關於護摩的秘法有許多類似以上的傳說被相繼流傳著。

這些靈驗的傳聞，對那些沒有親身體驗密教的庇佑祈禱的人而言，當然只會把它們當成是傳說而已。

但是，如果一個人實際地參與庇佑祈禱，就不會再認為那些只是傳說而已，而會相信在自古流傳下來的密教之庇佑祈禱中，有一股令人完全不敢相信的佛的力量在運轉著。

當有接受祈禱的信徒告訴我，「我的癌症被治好了」這類的事實時，我有時也會懷疑地問他們：「真的嗎？」但是，這些信徒絕不是在奉承我而說謊的人，所以我只會問他們以下的問題：

「是在那家醫院就醫的呢？」

「你家人對你所得到的癌症有什麼樣的看法？」

「病情的發展經過如何呢？」

在問完各種問題後，我從信徒的回答中得到了證明，而且果真沒有任何值得懷疑的地方，證明了那些都是確鑿的事實，而我也從來自他人所得到的證言中，證明了那位信徒告訴我的「癌症被治好了」的奇蹟是事實。

當然，在尋求證明的調查過程中，我曾經因為誤解了醫生的話，而深深的困擾著，此外，也有人傳說著那個人實際上得的並不是癌症。

但是，我也親眼看過很多例子，那是連以現代的醫學常識都想像不到的惡疾，卻被治癒的奇蹟。

我們姑且不談一患病就像被宣告死亡的癌症，即使是小小的疑難雜症，我都曾看過數不清被治癒的奇蹟。

曾經有人告訴我，他持續了幾十年頭痛的老毛病，在根據護摩秘法接受祈禱的次日，疼痛便被止住了，而所有曾經受過的折磨與痛苦，就像是惡夢般，彷佛已是好久以前發生的事了。

另外也有人告訴我，持續了好幾年腰痛的老毛病，也和前面的情況一樣，在根據護摩秘法接受祈禱的次日，疼痛便不可思議地消失了。

此外還有一位女性，全身佈滿了慘不忍睹的皮膚病，在二十年都沒辦法治好的情況下，換過一家又一家的醫院，在她幾乎就要絕望的時候，接受了護摩秘法的祈禱，二十天後，她身上腐爛的濕疹便消失了。

當然，神佛的庇佑及靈驗並不僅僅是在疾病這方面。

據說有一個因丈夫離家而悲痛不已的妻子，到寺廟去祈求丈夫能早日歸來，而神佛回應了她的祈求，第二天早晨，她的丈夫便出乎意外地回家了。

有一家中小企業的老闆，因為公司已經到了窮途末路的地步，沒有辦法支付明天的票據，而只好横下心決定宣佈公司倒閉，但是他卻心有不甘，跑到寺廟來要求做護摩秘法的祈禱，在我們立刻為他進行護摩秘法的祈禱之後，不可思議的事情發生了，原本不敢對它抱有任何指望的銀行，竟然答應借錢給這公司周轉，當這個好消息傳到公司後，那位老闆就不必再為籌款而到處奔走，而到了明天他便馬上將應該支付的票據償清了，現在這家公司已經擁有超過兩百名的員工，在安定的社會中穩定地經營著。

另外還有一個例子，有一個人發生了怎麼想也想不到的意外，用光了所有的積蓄，也使自己陷入了貧困之中，而悲慘地過了大半輩子，他為了要改善自己受咀咒的命運，於是來到寺院接受護摩的修法，希望往後的日子，能夠專心致志地將一切寄託於神佛上，而在半年後，他不僅工作安定，而且得到了連續幾筆的意外之財，數年之後，他便過著豐衣足食的生活。

關於庇佑祈禱的護摩修法，當然還有很多靈驗的例子，例如，有一個大難不死的年輕人，以為自己考不上大學，卻以高分考上在他實力以上的一流國立大學；另外有一位一直紅不起來的歌手，終於以一首暢銷曲，擠入巨星的行列，我現在只是列舉一些想得起來的例子，事實上，護摩秘法有數不清靈驗的奇蹟。

## 2 我完全相信奇蹟

在上述例子中的當事人，可想而知一定是眉開眼笑的。

然而，就連我這個為別人做護摩祈禱的密教修行僧，在當初聽到許多傳說時，都會覺得有些納悶，更何況是那些本身從未有過相同經驗的人，對這些傳說一定是覺得實在令人難以相信。

但是，我親眼看過許多不可否認的事實，所以我一定要將這些護摩秘法的靈驗告訴大家。

我在前面一章已經就為何有靈驗做了簡單的論述，但若是以理論來分析的話，究竟是什麽造成靈驗呢？靈驗之所以被稱為靈驗，是因為它不可思議而且不能以常理來判斷，就因為它不適合也不能夠以科學的分析來讓人了解，讓我一直在不知不覺中接受佛的恩惠。

所謂的用心祈禱，是指在佛的面前完全拋開自我，把受苦惱折磨的肉體交給佛，並且將自己的痛苦與煩惱向佛傾訴，而虔誠地祈禱，這是比什麽都重要的事。

一個不相信靈驗之奇蹟的人，為什麼也能仰賴佛呢？以我的觀點來看，那是因為這些不相信佛的奇蹟的信徒，接受了祈禱的強大力量，而得以修行。

藉著祈禱而產生奇蹟，能使一個人如願以償。然而不相信這種事的人，為什麼也可以仰賴佛呢？這是須要用盡自己最大的力量呼喊佛，而祈禱佛能將他的力量，加諸於自己身上的。

降臨於我們身上的災難，如果很難完全以人類的力量來解決的話，只好將一切寄託於佛的身上，並且排除心中所有的雜念，只是一心相信佛的力量。

如果一個人只是光談論佛奇蹟的力量，痛苦與煩惱仍然會存在。

當我們背負著痛苦時，在討論奇蹟的有無之前，除了將我們的肉體交給佛之外，並沒有其他的方法，除了要一邊祈禱與佛合為一體之外，還有祈禱奇蹟能降臨在自己身上。

我看過許多身染惡疾的人，藉著護摩祈禱而恢復健康的身體，也看過很多數遭惡運的人，藉著密教祈禱謀求開運，而使自己的命運有了轉機。

不管你們是否相信，但我確實曾經看過，也曾與信徒一同感受過佛的偉大力量。

我一邊想著信佛的自己是多麼幸福，一邊想著從今以後，還是要將我的一切託付給密教的護摩秘法，就這樣生活下去。

## 3　因患癌症瀕臨死亡的市長重返其職位

在靈驗的體驗中最叫我高興的，莫過於是那些本來不信佛的人，在親身有過寶貴的靈驗體驗之後，成為密教的信徒。

那些從來沒有認真想過神佛的人，在體驗過奇蹟之後成為虔誠的信徒，這對為佛而工作的我來說，真的是沒有比這種事能讓我更高興的了。

西元一九八六年擔任現在某市市長職位的，便是這樣的一個人。他已經擔任過好幾屆的市長，算得上是資格老道了，在診斷出罹患癌症之後，曾經接受過一次手術，而只是反反覆覆的住院、出院。

這位市長在病情復發時，曾經考慮再動一次手術，但是恐怕連開刀也不會有多大的助益，更不能使病情好轉，所以他們最後的結論是，已經沒有其他的方法可以救他了，他只好聽天由命了。

不久，這位市長開始進入意識不清的狀態，大概只剩下一、兩天可活了。

但是，市長夫人不忍心看他這樣與病魔纏鬥的樣子，希望他至少能夠不要這麼痛苦的死去，在從我們的信徒口中聽說我們寺院的事之後，市長夫人便決定來拜訪我們，而當天來到我們寺院的有三個人——市長夫人以及她的女兒，還有當醫生的女婿。

那天，在大家祈禱著能讓市長安息的當兒，突然在市長的女兒身上發生降靈的現象。

這位女兒冷不防地露出橫眉怒目的兇惡表情，並且從口中發出男性粗啞的聲音，大聲的叫著：「我是妳祖父。」而他便是這位病危的市長的父親，也就是市長夫人的公公。

這位祖父已經逝世多年了，現在他將自己的靈魂降在孫女兒身上，大聲叫喊著市長夫人的名字。

「你們搞什麼！只顧貪圖自己眼前生活的享樂，卻感慢了對祖先的供養，我現在要來將妳丈夫帶離這個世界！」

他大致講了些這樣的話，以嚴厲的口氣責備著市長夫人。

市長夫人淚流滿面的跪拜在地上，苦苦哀求的說：

「請您造訴我該如何供養，才能救我丈夫的命呢？」

「不行，已經太難了，反正妳丈夫是死定了。」

這位祖父的靈魂一點也不接受市長夫人的請求。

護摩的火焰更加強地燃燒著，我們一直拼命的祈禱，在祈禱結束之後，我和附身在市長女兒身上的靈魂交談著：

「我這個修行僧願意當證人向你保證，你的兒媳從今天起一定會做好供養祖先的工作，但是請你無論如何一定要讓躺在病床上受苦的市長先生，再多活一些日子，如果他能康復的話，對地方行政而言將會是一大福音，請你為市民想想，再給市長先生一些時間吧！」

我誠懇地對靈魂說了這番話，在數度交談之後，這位祖父的靈終於答話了。

「我會考慮考慮的！」

在這期間，市長的女婿一直在寺院與醫院之間來來去去，以觀察市長的病情，不可思議的是，早上還相當嚴重的病情，到了下午竟然穩定起來了，而市長現在正在病床上安穩的睡著。

隔天，市長開始恢復意識，大約五天之後便能夠喝米湯，十五天之後病情便好轉了，而過了一個月康復之後，便可以出院了。

這真的是令人驚訝的奇蹟。

癌症復發、意識不清、瀕臨死亡。這位依常識判斷已經沒有救的市長，竟然在一個月後出院了。

而大約兩個月之後，他便又重返其職位，現在的他仍然東奔西走地活躍於政壇，真是叫人驚訝。

如果真的是癌症的話，是不可能被治好的，難道市長所得的，並不是真的癌症？在康復之後再度從病床上站起來的市長以及他的家人，從來沒有認真想過神佛的問題，也沒有抱持著信仰心，但是在歷經驚異的體驗後，全家人都成了真言密教的信徒。

不管是出國，或者是出席全國的市長會議，只要一有空閒，市長都不會忘記來拜訪我們的本寺，他是為了與我們的主佛會面而專程趕來的，市長再三合掌向佛壇祭拜的樣子，正是一個不折不扣的虔誠信徒。

因為護摩秘法而治好癌症的人，我還看過其他的例子。

有一位公司的老闆，在醫院接受檢查時，從醫生的態度中懷疑自己得了癌症。

「我現在經營一家公司，如果我沒有處理一下公司的事，就這樣死去的話，一定會讓公司的數十名員工手忙腳亂，甚至流落街頭，所以，請你務必要老實告訴我我的病情。」

這位公司老闆懇求醫生告訴他實情，而醫生們經過種種檢討的結果，終於決定告訴他得到癌症的事。

之後，這位老闆便著手處理身邊的大小瑣事。

雖然他稱得上是一位英明能幹的老闆，但是在面對死亡的時候，難免覺得無法承受一切殘酷的事實，為了減輕內心的迷惘與痛苦，他到我們的寺院來接受護摩秘法。

沒想到，在大約經過二個月之後，他的病情慢慢的減輕了，最後甚至連自己都感覺不出有任何症狀，這位老闆覺得太不可思議了，於是再度到醫院接受檢查，而這時已檢查不出有任何癌症的痕跡了。

在這位老闆的例子中，他只接受過一次精密的檢查，便被宣佈得了癌症，這或許是誤診也說不定，但是，那時他所接受的精密檢查，是最先進的醫學，而宣佈得到癌症，也是經過優秀的醫師們慎重分析的結果，我想，這應該不能說是誤診。

不管怎麼說，這位老闆的癌症是消失了，而現在的他正精力充沛地工作著，公司的業績也不斷地往上升。

## 4　罹患壞疽病的醫院院長也因為密教信仰而重返其職位

這是一個有關某位醫院院長的故事，他因為壞疽病而切除了一條腿。

所謂的壞疽病是指人體的一部分組織，因為火傷或凍傷等原因，而成為壞死的狀態。

這位醫院院長，也是某地方大學的醫學院教授，對自己病情的嚴重性，當然是再清楚不過了。

我想他心裡一定明白，如果再不把另一條腿切除，病情如此發展下去，可能再也沒有恢復健康的可能了。

曾經授教於他的一些學生，在大學醫院聚首商議，並且對他的病症加以檢討，然而他們卻只得到一個結論，那便是他們的老師恐怕只剩下一年的生命了。

這些學生中有一個人是位虔誠地信教者，他提議如果不能對老師的生命有任何幫助的話，至少也要向神佛祈禱讓老師安詳地走完最後的人生旅程，其他的學生也都贊成，於是他們將這個決定告訴他們的老師以及師母，也就是這位醫院院長的夫人。

這些學生因為沒辦法以自己的力量幫助他們的老師，在內心對醫學的有限力量覺得相當絕望，而又為了要以自己實際上並不相信的「佛道」，來遮掩自己的無能，只好以大事當前，不容考慮得失的心情，告訴他們的老師及師母真相。

這位醫院院長本人只是微微地笑了一下，輕輕地點點頭，但是院長夫人在聽了學生們的建議之後，馬上到我們的本寺來接受護摩秘法。

我告訴院長夫人，在過去有許多因為庇佑祈禱而使壞疽病根除的例子，她聽了之後懷抱著很大的希望。

「無論如何，我都要救我丈夫！」

這位身為醫學界人士的院長夫人，滿心期待著信仰的力量。

不久，便開始進行百日祈禱，由我們寺院的管理長藤井寶照法尼擔任修行者。

在祈禱後大約十天左右，已經接近了動手術的日子，但是當在手術前檢查那隻原本血液不流通的腳時，那隻腳的血液卻突然奇蹟似的通暢了起來。

院長夫人喜極而泣的樣子，到現在仍然深深映在我的腦海中。

就因為這件事，使得從來不曾考慮信教的院長，在自家的起居室內設置了佛壇，並且早晚都會誦讀經文。

在使用輪椅的日常生活中，他現在過著為病人看病的忙碌日子。

但是，當他碰到難以用醫學方法來處理的疾病時，他便會拋開醫生的立場，而建議患者將希望寄託在神佛上。

## 5　沒有信仰的醫學院教授大病初癒後成為信徒

這個例子要講的是一位已退休的醫學院教授，據說在醫學界中，他是全日本數一數二的權威。

這位已退休的教授喪失了平衡感，不管是上廁所或是洗澡，都沒有辦法一個人做這些事，而日常生活起居也完全依賴他妻子的手。

但是，只要妻子一生病，他就幾乎沒有辦法做任何事，生活也就變得十分不方便，而他的妻子也因為經年累月的照顧他而有些神經衰弱，整個事態似乎變得相當嚴重。

這位老教授的妻子曾說：「有時我寧可狠下心來殺死我丈夫，然後自殺。」老教授只單單喪失了平衡感，但是意識還很清醒，而且除此之外沒有其他特別的毛病，而他的妻子卻想要自殺，這是何等的愚蠢啊！這只能證明老教授的妻子是個相當脆弱的人，而且她已經對疲累不堪的看護生活感到不耐。

碰巧她有一個好朋友是我們寺院的信徒，這位信徒熱心地介紹她走上信仰的道路。

然而老教授完全不願意採信這個意見，拖了半年、一年仍然不肯到我們的寺院來。

但是，他的妻子每天卻仍不厭其煩地想說服他。

「不管怎麼樣，我們就姑且一試，接受一次護摩秘法好嗎？」

妻子每天都這樣苦口婆心的勸他，他只有認輸了，最後終於也就勉勉強強的答應了。

老教授下車的時候，搖搖晃晃地站不穩腳步，最後扶著車子，並且抓著妻子的手，好不容易才站穩。

在我們做了片刻的交談之後，馬上在他眼前進行護摩的祈禱。

這位退休的老教授可真是一個古怪而乖僻的人。

「我可是一點也不信神，也不信佛，可是我太太每天都在我耳邊囉嗦，看在她的面子上，我只好來了，不過我本身根本就討厭信仰這東西，我希望你們明白，我是不信佛的。」

他一開口便是對著所有的和尚厚顏無禮地這樣說，我不由得笑著對他說：「嗯！很好！你沒有信心，可是尊夫人可是非常虔誠的，所以即使你沒有得到神的保佑，她還是能夠得到神的保佑，你只要安安靜靜地站在旁邊，打打哈欠，聽別人誦經就可以了。」

不久之後，護摩的祈禱便開始了。

大約經過兩個小時，修法結束了，我到接待室和其他的訪客談話，但是不可思議的是，我竟然看到老教授沒有靠妻子的手支撐，而自己站起來了，當妻子伸出去扶他時，他很不高興的撥開她的手，而往接待室這邊走來。

他在接待室與我面對面的坐下，這個古怪的老教授以傲慢的口氣對我說：「和尙，今晚我能住在這裡嗎？」

「當然可以，這裡不是任何人的地方，這裡是佛的家，誰想住這裡都可以。」

這位教授不屑地從鼻尖發出一聲「哼」的聲音，好像在想些什麽。

那天晚上，當他要去洗澡時，只要他的妻子一把手伸出去要扶他，他便會像下午一樣撥開妻子的手，自己站起來往澡堂走去，雖然他的妻子以小跑步追上他，他在澡堂中還是自己把衣服脫掉，不靠任何人的幫助而自己進入澡盆中。

隔天早晨，做完護摩修法後不久，老教授夫婦便回家了，他那副笨拙的樣子，就好像一個剛被父母責罵，而正在賭氣的小孩。

大約一個月後，沒想到這位老教授竟然來找我。

就跟以前一樣，我們在接待室裡面對面的坐著，但是，這次他卻像是個淘氣的小孩，臉上浮著笑意，以前的傲慢態度，已經不知道跑到那裡去了。

「和尙先生，前些日子真是失禮了。過去我所接觸的全部都是科學，宗教以及所謂的奇蹟都只是聽說而已，當然我也就不肯相信所謂的神佛，但是那天我第一次接觸所謂的護摩祈禱，而兩個小時後我竟然可以不靠別人的扶持而自己走路，我真是不敢相信，所以一直告訴自己那只不過是錯覺罷了，然而我卻沒有辦法說服自己那只是錯覺。當在焚燒護摩時，我突然覺得好像有一個像黑色大狗般的東西，從我的體內飛了出來，那時候我好緊張，但是在那一瞬間，我心裡想著：『這可以治好我的病，不是嗎？我一定可以自己走路了。』當時我的內心充滿了希望與信心。護摩祈禱結束之後，我馬上想試著自己站起來，不可思議的是，我的平衡感真的恢復了，但是，我決定再待一晚，好確定這一切都是真的，果然，我發現從我接受護摩祈禱時，感覺到不可思議的那一瞬間開始，我的病就已經被治好了。我回家後試著查閱各種文獻，想知道這到底是不是心理因素或是其他因素造成的，但是，我在文獻中找不到我所要的答案。在思索、查閱文獻，卻得不到任何結論之後，最近我開始相信是佛的力量使我恢復健康的，所以我一定要來向你道歉。」

老教授斷斷續續地說著，而因為我對醫學以及人世間的事，並不是很了解，老教授的實力到底是到什麼程度，我也不清楚，至於說他是日本醫學界數一數二的權威，這也是我後來才聽說的。這樣一位醫學的權威，竟然打從內心虔誠地相信護摩秘法，他那副合掌祈禱的樣子，我想如果不能說是科學的失敗，也就不能說是人類的失敗。

所謂的祈禱便是佛的救贖、佛的庇佑。不管是醫學界人士，或者是大學教授，把一切寄託於佛的身上，而以無我無心的心境，反覆地祈禱，這麼一來，就能夠去除本身自負、自大、以自我為中心的狹小氣度，而不再認為自己是全世界最偉大的人，如果之後再對自己加以分析，就會發現撇開科學家、醫學家這些頭銜不談，自己不過是一個單純的人罷了。

這位退休的老教授，因為佛的力量而獲救的事實，是誰都不能否認的，而老教授的心理也比誰都清楚。

本來不信佛，也不信其他任何宗教的醫學界權威，卻在一次親身的靈驗體驗之後，成為虔誠的信徒，對我而言，這真的是一件令人非常高興的事。

## 6　痲痺的手在二十年後血路暢通

這個例子中的主人翁是一位女性，她既不是特別的名人，也不是大學教授。

她在小時候動了一次腦部手術之後，留下了後遺症，從此右半身痲痺，雖然腳還能走路，但是不知道為什麼右手一直處於痲痺狀態，二十年來為了這隻不能動的右手吃了不少苦。

**與民衆息息相關的大師**
**〈朝山拜廟的正式服裝〉**

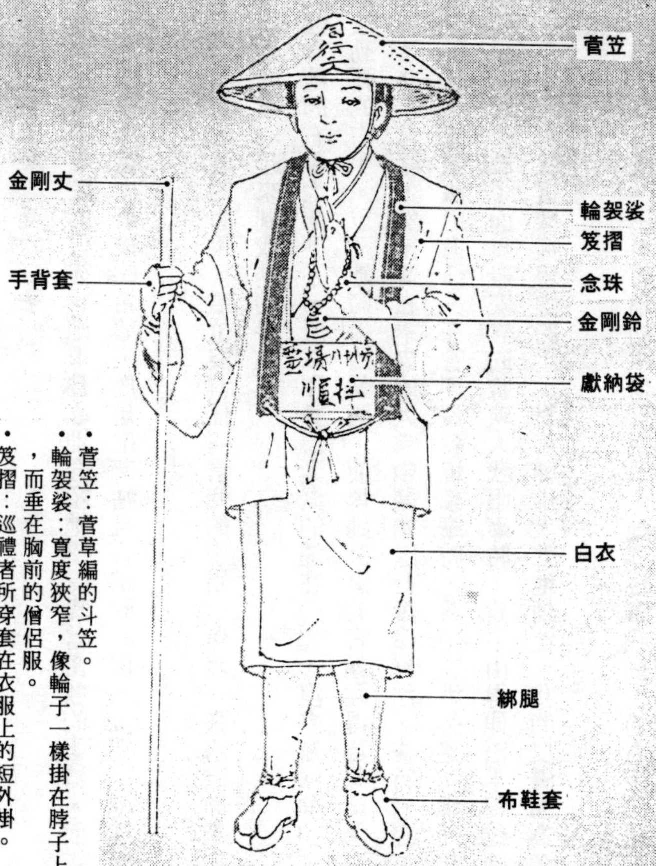


•菅笠：菅草編的斗笠。
•輪袈裟：寬度狹窄，像輪子一樣掛在脖子上，而垂在胸前的僧侶服。
•笈摺：巡禮者所穿套在衣服上的短外褂。

這位小姐花光了所有的積蓄，也幾乎試過所有的方法，但是仍然沒有辦法把手治好，她就這樣每天過著絕望的日子。

碰巧她嬸嬸是我們寺院的信徒，她很熱心地介紹她接受真言密教的祈禱，而這位小姐將接受護摩秘法當做最後的希望，於是抱著姑且一試的心理，接受了她嬸嬸的建議。

醫藥沒有辦法治好她的右手，這位沒有任何信仰的小姐，帶著一張晦暗而毫無生氣的臉，同她嬸嬸一起來到我們的寺院。

大概是因為她的右手太僵硬了，所以和身體緊緊的連在一起，沒有辦法伸出去，她那隻無法動彈的右手，以及她痲痺的顏面，使得她哀愁的容顏顯得更悲淒。

我和她聊了些家常話，然後便在本寺的大堂中開始進行護摩修法，修行者還是由我們的管理長藤井寶照法尼擔任，在管理長焚燒護摩時，我站在她旁邊和她一起祈禱，當她那張就好像載了面具般安詳的臉映入我眼簾時，我不由得伸出手握住她那隻痲痺的右手，而我就這樣握著她的手，對著神佛大聲地誦經，我的皮膚因為護摩的火焰而感到有些熱。

大約過了三十分鐘後，不可思議的事情發生了，她那隻讓我握住的右手，竟然慢慢地往前伸去。

我本來以為，那是因為這位小姐雖然已年過三十，但是仍有少女的嬌羞，所以當她的手被一個男人握住時，她會不好意思地把對方的手撥開，但是，那並不像是要把我的手撥開的樣子，她看起來好像只是拼命地想把右手伸出去的樣子，我不由得將自己誦經的聲音加大，並且輕輕地撫摸著她的手，配合她的努力，幫助她讓她的手能夠活動。

之後大約經過十分鐘左右，她那隻麻痺的手竟然不可思議地往前伸，而且原本僵硬的手指也動了起來，我忘了護摩秘法仍在進行當中，忍不住讓她試著去握住我面前的經文，而她小心翼翼地伸出手握住經文，不久之後，她麻痺的右手，竟然將經文一頁一頁地打開，我不由得發出一聲驚訝的叫聲。

這位小姐也因為自己的右手突然能動了而驚訝得不能自已，她非常努力地想要使用她那隻已經麻痺了二十年的右手。

「它能動了！它能動了！」

她那麻痺的雙唇，表現出一股從未有過的狂喜，我感動得連誦經的聲音都在發抖。

遺憾的是，護摩修法的祈禱結束後，她的右手還是沒辦法非常靈活地活動，不過她前後大約來做了三次這樣的護摩祈禱，若手也就慢慢地恢復正常，現在她的右手已經能夠拿筷子了。

有生以來第一次拿筆寫字的她，對於自己的筆跡有股難以言喻的歡喜，她那愉悅的聲音，一直傳到我們的寺院來。

這位一直冷眼看人生的小姐，終於結束了她晦暗的生活，而對我這麼一個為佛工作的人而言，她在內心深處相信確實有神佛的存在的事實，真是令人非常高興，總覺得我好像圓滿的達成了自己的任務。

## 7 中風的右腳在三次庇佑後有痊癒的徵兆

這個故事的主人翁是一位警察署長，依警察署退休年齡的規定不久便要退休，卻因為中風而倒了下去，造成右半身不遂。

後來他在大學醫院中接受復健治療，但是結果令他十分不滿意，所以他轉而將希望寄託在神佛身上，尋訪了許多宗教團體。

在這些尋訪的過程中，他也曾經來過我們的寺院。

我們很快地為他進行護摩秘法，虔誠地祈禱著即使不能使他的身體完全復原，也至少要幫助他除去內心的不愉快。

果然三天之後，他那隻原本無法端坐的腳，竟然恢復了正常，本來須要靠別人的扶持才能來到我們寺院的他，也終於可以一個人走路了。

依靠科學的機能回復訓練，沒有辦法給他十分滿意的復健成果，但是我們的護摩秘法，卻讓他的腳漸漸地恢復原有的機能。

這位警察署長對於信仰，本來也是抱著半信半疑的態度，但是在親身體驗護摩秘法之後，便深深地感到信仰的可貴。

他以非常懇切的態度，對我們述說一些他的往事，他說他年輕的時候專心致力於警察的工作崗位上，雖然現在身為警察署長讓他成為一個名人，但是年輕時候的他大肆宣揚正義，並且無所不用其極地檢舉惡行，這樣精明能幹的表現，也使他獲得很高的評價，然而他說，回首當時，他要是能有現在的慈悲及菩薩心腸，一定還有更好的方法，來將壞人繩之於法。

此後，他常常聚集他的同事，指引他們走上信仰的道路，而他經常以充滿生氣的口氣對我們說：

「我一定要用自己的力量，把我們寶珠院的所有同事，用兩、三台巴士載來拜訪你們，請你們務必等我來。」

講完這些話後，他便會一個人靜靜地在祭壇前合掌祈禱，臉上露出滿足的笑容，然後回家。

像他這樣熱心的信徒，如果能再多一、兩人的話，我想一定能將護摩秘法的偉大力量，普遍地讓許多人都能知道。

我深信像以上我所舉的那麼多不可思議的靈驗，都是佛的力量之表現，但是，有人會認為一切純屬巧合，或許也有人會說，那只是一種心理作用的效果，因為每個人在祈禱的時候，都會暗示自己所希望獲得的好結果。

例如，當一個人希望得到某種形式的恩惠時，一定會相信佛的力量能夠滿足他的要求。

沒有信仰心的人，以普通的常識判斷來談論神佛的力量，我覺得那是非常要不得的。

在這世界上，一定有很多人會經接受過這股不可思議的力量之救贖或恩惠。

所謂的將希望寄託在神佛身上，並不是指在盤算著想要得到什麼好處。

而即使是祈禱，指的也不是接受施捨或恩惠，真正的祈禱是指當一個人生活中的苦難已經讓他走投無路，而除了求助於神佛的力量之外，已經沒有其他的方法時，在內心虔誠地屈服於神佛，以期能增強自己微弱的力量——我想這才是真正懷抱著信仰心祈禱的態度。

至於庇佑祈禱的意義，在我看來則是指與人類的已知相通，然後將一切寄託於佛廣大無邊的力量，並且祈禱著佛的力量能加諸自己身上，藉此度過難關。

如果以更容易懂的方式來說的話，便是將其想成為了將自己所背負的苦難轉而讓佛來承擔，而進行的護摩秘法。

如果能像上述一樣真心相信佛的話，便能發揮佛的偉大力量，也才能使佛的力量加諸信徒身上。

這種救贖的真實感，只有受苦難折磨的當事人才能體會，但是如果少了第三者的批評，即使他是與救贖無關的人，也無法真正令人滿意。

當那些親眼目睹那股偉大法力的人感覺到「佛存在我體內」時，才是真正的救贖，也才是所謂的信仰心。

# 第六章　在降靈法上所能看到的除靈成果

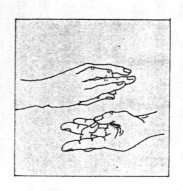

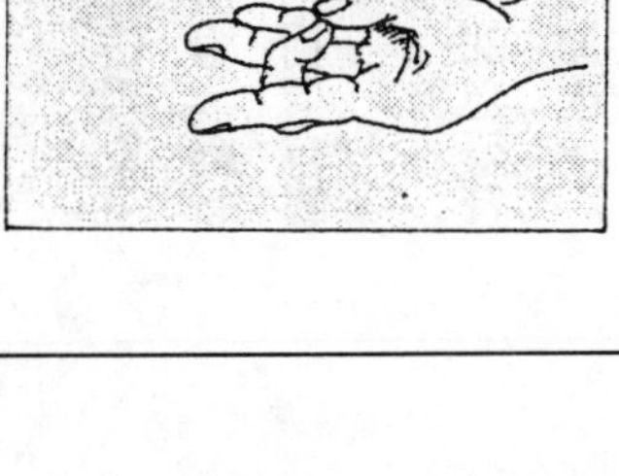

# 1 深刻感受到靈的存在

所謂的降靈，是指某位死者的靈魂，在意識上附身於一個人身上，也就是說，死者的靈魂，寄宿在一個活生生的人之肉體及心靈上，至於稱呼這種事情的方式則因人而異，有些人以「交靈」來表示。

而之所以會有降靈的可能，是因為確實有靈魂的存在，所以當然那些不相信人世間存在著靈魂的人，也就不相信會有降靈這種事情存在的可能。

然而不管別人相不相信，我確實在現實世界中親眼目睹過數不清的降靈現象，而也確實有已經過世的人，利用活人的嘴巴講話或傾訴，而且那些話的內容，絕對不是這個活人自己說的，像這樣的例子接二連三的發生，我們也就不能不相信有靈魂存在的說法。

如果我們認為一個人的疾病、惡運以及不幸是因為靈障所造成的話，就必須對這個造成靈障的附身靈採取降靈法，才能完全解開謎題，了解事情發生的原因。

降靈的目的是為了藉著降靈，而從與附身靈的交談中，找出其附身於別人身上的原因，以及他是什麼樣的靈魂，以求早日解除此附身靈。

『你為何要附身在這個人身上呢？』

但也有可能是因為這個被附身的人對靈魂有著很強的感受力。

『你只是個飄泊不定的浮遊靈魂而已嗎？』

像類似以上的這些問題，必須藉著降靈而判斷出來。

降靈是指呼喚那個附身於活人身上的靈魂，而後與他交談，了解他附身的原因，這是非常便利的方法。

這種降靈的方法並不是人家教我的，也不是我從別人那裡學來的。

我已經有很長的一段時間與別人談論人生了，為了幫助許許多多的人解除煩惱，我不停地誦經與祈禱，而我便是在這些過程中，自然地領會出降靈法的。

大約在我四十多歲的時候，有一位婦人為了她兒子氣喘的毛病而來找我，她說她已經遍訪名醫，也讓他兒子嚐盡了各種藥方，但是仍然沒有辦法治好她兒子的病，而她兒子的氣喘也還是常常發作，她想，或許神佛有辦法幫助他兒子脫離氣喘的折磨，所以她跑來找我。

那時，我一看到她所帶來的她兒子的照片，便知道這絕不是單純醫學上的氣喘病，而我馬上想到，這可能是靈障作祟所造成的。

這位婦人兒子的病情絕對不輕，否則如果氣喘病一發馬上送醫院，打一針就會沒事的話，也就不用特地跑來我們的本寺，要求我們為他做護摩祈禱。

在我唸經的時候，突然有一個朦朦朧朧黑色的影子，以及像前院一樣的景象，出現了又消失，出現了又消失，我知道我這樣唸經絕對不可能讓這股氣散掉，為了想辦法揮去這個黑色影子，我故意將嗓門拉開，大聲的唸經，就在這個時候，那位婦人的身體突然開始前後搖晃。

就這樣，她合掌的雙手，也微微地顫抖了起來。

「好暗！」

「我好痛苦！」

「我口好渴！」

那位婦人一邊喘息，一邊斷斷續續地說著。

過去我曾經看過許多有關於靈魂的文獻，所以那時候我知道靈魂已經降在婦人身上了，然後我便開始了生平第一次與靈魂的交談。

降在婦人身上的靈魂，是大約在兩百多年以前，被婦人婆家的祖先所殺害，而被裡在庭院裡的一個沒有成佛的靈魂。這個不成佛靈藉著婦人的嘴巴，自稱是一個虛無僧，他並且詳細地指出他是被埋在庭後東南方的一棵梅樹下。

但是，以前我都是在偶然的情況下而成功地完成降靈的，所以這一次我不知道該用什麼方法，才能讓靈魂離開婦人的身體，當時，我覺得有些驚惶失措，於是我答應這個不成佛靈，一定會讓婦人去他被埋的地方憑弔，而且從今天起，一定早晚供養他，但是請他務必別再糾纏婦人的兒子，以求早日成佛，也好在靈界努力的修行。

結束和靈魂的交談後，婦人的身體還是在前後搖晃著，而且嘴裡也不知道一直在嘟嘟嚷嚷些什麼東西。

於是我再一次開始唸經，剛剛那個朦朦朧朧黑色的影子，以及像前院一樣的景象，漸漸地變得更清晰，我拉開嗓門唸經，而且大聲地發出「喔！」的聲音，這個時候，婦人突然恢復正常，環視著周遭的一切，從她那個樣子看來，我知道靈魂已經離開她的身體了。

從這次的經驗裡，讓我自然地體會出，只要將「唸經」以及「一種堅毅的語調」結合在一起，便可以替對方除靈。

另一方面，婦人對於自己被降靈時所說的話的意思，覺得非常納悶，她並不清楚自己的心智被靈魂佔領時所說的那些話，然而，她又為何會順口說出那些話呢？她自己也覺得相當納悶，而露出半信半疑的表情。

當我問她：「家裡庭院的東側，是否有一棵古梅樹？」她立刻搖頭回答：「沒有。」那麼，想必是剛剛那個靈魂在說謊了。

我難得第一次與靈魂交談，卻出了這樣的差錯，讓我覺得有些失望。

我可以很肯定的確認，確實有降靈這回事，然而那個靈魂的確提到了「古梅樹」，而婦人卻不知道有這棵樹，真是讓我覺得相當頭痛。

但是我突然想到，以前我曾經在探討有關靈魂現象的文獻中讀到，有一些較低級的靈魂，很可能會說一些敷衍的話，所以根本不能相信這種低級靈魂所說的話，當時我想，或許降在婦人身上的靈魂，也是那種靈格不高的低級靈魂，所以我的結論是，我第一次的降靈已經失敗了，靈障也沒辦法解除了。

但是，隔天婦人卻打電話來告訴我，以前在庭院的東南方，確實有一棵梅樹。那棵梅樹在婦人嫁到夫家之前幾年，便被砍掉了，所以婦人嫁過去之後，並沒有看過那棵梅樹。

那個靈魂所說的果然是真的，我在內心深刻地感受到靈魂的存在。

幾天之後，婦人邀請我到她家去，那個以前種植梅樹的地方，已經被清理得很乾淨，而婦人也依照和靈魂的約定供養他，此後，她兒子的氣喘病不曾再發作，而那氣喘病，果然是一種靈障作祟的現象。

## 2　靈魂在訴說著怨恨

我們在降靈之後，從與靈魂的交談中，首先能了解的，便是造成靈障的附身靈他有什麼樣的怨恨，靈魂藉著附身於人體上，並且給對方帶來靈障，而對活在人間的人類，訴說著他種種的怨恨。

有人認為我們所說的「靈障」，說穿了便是指「來自靈界的信」，也就是說，靈魂藉著讓人類發生變故，而傾訴自己的怨恨，其實就好像是將靈障，以「信」的方式表現出來。

將怨恨從那個世界送到這個世界來，便造成了所謂的「靈障」。

附身靈是懷抱怨恨的靈魂，可以從他們造成靈障來證明。

「被殺死的人的靈魂。」

「意外事故結束年輕的生命，或是死於非命的靈魂。」

「被人遺忘，或是沒有被供養而被任意棄置的靈魂。」

「在人間有未了的心願的靈魂。」

「活人對死靈有冒瀆的行為時。」

像以上的各種情形，便有可能發生靈障。

人活著的時候，難免會有些不平與怨恨，然而一旦命歸黃泉，就沒有一個可以直接發洩不滿的對象，所以只好藉著造成靈障，來向活著的人訴說內心的遺恨。

降靈之後，我們可以從與靈魂的交談中，知道他所要的是什麼，然後我們再儘量滿足他的要求，也就是說，依照靈魂的要求來做事，這樣一來，便可以促使靈魂離開人體，而這也就是降靈的重點。

對於那些因為心懷怨恨而成不了佛，進不了靈界的靈魂，我們必須特別強調以後將供養他們的約定，然後再勸他們，既然已經離開人世了，就該讓所有的遺恨都付諸東流，而以潛靜的心到靈界去，在靈界好好的修行，積一些功德，才是最重要的，而像這樣解除靈魂的附身，便是降靈的最終目的。

## 3 不用靈媒的降靈法

所謂的靈媒，一言以蔽之，便是指在靈界與人世間的橋樑，也就是指那些對靈魂特別容易感應得到，而專門代靈魂轉達意思的通靈者。

為了要順利地進行降靈，當然要借助於靈媒專家的身體，才能提高成功的機率，因為靈媒專家是容易感應到靈魂的人，所以靈魂也就比較容易附在他們身上。

像神社裡的巫女，本來就是擔任像靈媒這樣子的工作，而我們特別將傳達神的靈魂——也就是「神靈」之意志的人稱為巫女，神社裡的主祭通常藉著巫女的身體，而獲得降在巫女身上的神靈所發出的指示，所以巫女也可以說是神靈的靈媒。

恐山的板子也是死者的靈媒，許多人從板子的口中，得到降在板子身上的骨肉親人的訊息，至於板子，我想應該稱為靈言的靈媒。

人類當中，有些人很容易感應到靈魂，但是也有些人很難感應到靈魂，我們不能說是兩者之中那一樣比較好，因為這只是每個人天生對靈魂感受力的不同。

容易感應到靈魂的人，是靈媒的最佳人選，這種人當過一次靈媒之後，從第二次開始便可以比較順利地進行降靈。如果是夫婦兩人一起來和我討論人生的話，我通常會以夫婦中的其中一人來當靈媒。

我身旁有許多優秀的靈媒，但是如果用這些人來當靈媒的話，其中可能會有一些和別人串通好了，弄虛作假的可疑人物，如果心存這種懷疑，便無法從靈魂的談話中得到任何線索了，因為只要心存懷疑，就無法以純潔的心靈來面對靈魂，所以我在進行降靈時，為了不讓我對我所要面對的靈媒有任何懷疑，通常我會以和我的委託人一起來的人來當靈媒。

但是如果我的委託人對降靈這件事感到懷疑的話，他便沒有辦法確實地按照靈魂的要求來實現彼此的約定，因為他會對靈魂的話感到半信半疑，這麼一來，降靈就不會有效果，而當然也就不可能除靈了，所以其實我一直認為以委託人本人來當靈媒是再好不過了，因為他可以親自體驗降靈，便不會懷疑它的真假了。

男女的性別、年齡和當靈媒的資格與條件是一點關係也沒有的，但是不管怎麼說，女性對靈魂的感應，比男性要來得強。

但是其中有人怎麼樣也沒辦法讓靈魂附身，有人卻能夠很容易地與靈魂感應。

如果夫婦一起來的話，我通常會以妻子來當靈媒，而丈夫便自始至終站在一旁親眼目睹降靈的整個詳細過程，於是他就會相信，真的有靈魂的存在，也真的是靈魂在說話。

因為是靈魂說的話，所以他們所說的可能是憑我們的常識所完全無法預測的事，也可能是從出生到現在都沒有聽過的話，或者是人名或地名。我們可以從靈媒由口中說出連他自己都沒聽過的話，證明那確實是靈魂所說的話。

有一個二十四歲的女性上班族，患了一種關節及肌肉疼痛的重病，當她和她母親一起來找我時，我就以這位女性來當靈媒而進行降靈，那個時候，她突然順口說出許多日本古語，其中有些部分我也不懂它們的意思，而覺得相當的困擾，總之，談話的內容大致是以下這樣的，那個靈魂是這位女性上班族母親的祖先，據說是江戶時代中期皇宮中的一位小婢女，不知道是被冤枉，或是替別人背黑鍋，總之，她最後被處死刑，這就跟我前面提到的虛無僧的故事一樣，好像古裝電影的劇情，一點都不像是降靈該有的情形。

但是，進行降靈時在場的人，親眼看到整個過程，不管是靈媒的樣子或聲音都是那麼逼真，讓他們不得不相信降靈的真實性。

更何況擔任靈媒的人是自己的女兒，做母親的沒有理由不相信一切都是真的。

以前我曾經有過一次經驗，附身的靈魂是一位菲律賓的僧侶，他說的盡是菲律賓話，讓人覺得有些莫名其妙，而不好意思的是，我完全不懂外國話，所以從頭到尾都沒有辦法與靈魂交談，只好把全部的過程錄下來，然後請一位大學教授為我們翻譯。那時候我總覺得那個菲律賓僧侶的靈魂，是被他附身的人的守護靈，而不是一種所謂的靈障，而且那個當事人本身從來沒有聽過菲律賓話，在潛意識中對菲律賓話也沒有一點興趣。

在我那些委託人中，有的人怎麼樣都沒有辦法讓靈魂附身，或是當他們不願意親自體驗降靈時，我便會使用靈媒。

但是大部分的時候，我都是讓委託人本人親自當靈媒，而成功地進行降靈的，所以也可以說是，對我來說沒有使用靈媒專家的必要。

## 4　靈魂接受勸服

就像我前面所說的，降靈的目的是為了要藉由與靈魂的談話中，了解他「有何不滿」，以及「為何附身在此人身上」，然後再與靈約定幫助他解除怨恨，而達到除靈的目的，這便是降靈的重點。

與靈魂交談時，必須沈著穩定，而且必須有耐心，才能從他的談話中聽出他所要的究竟是什麼。在很多成功地降靈的場合中，靈媒所最先發出的聲音，通常是靈魂悲痛的哀鳴。

另外，大部分的靈魂所提出的要求，都是供養這件事，大約十個例子中就有六個左右要求供養的靈魂，而所謂的不成佛靈中，有些則是無論如何都要求供養的。

此外，靈媒也常會說一些「好暗」或是「好冷」的話，我想，這應該是因為不成佛靈迷失在又暗又冷的地方，而覺得孤單寂寞。

所謂的惡靈，幾乎都是以不大受到供養的不成佛靈居多，所以附身的靈魂才會那麼急切地要求供養。在我自己和靈魂交談的多次經驗中，我發現大部分的靈魂話都不多，而且也不大會說話。

我並不是說沒有一個靈魂能夠與人流利地談話，但是在大部分的場合裡，我可以看得出靈魂並不是很懂人類所說的話，所以很多時候只是一而再，再而三地重複著同樣的對話，最後只好採取和靈魂以意志來溝通的方法。

另外有一件事情令我覺得蠻不可思議的，靈魂藉由靈媒所說出來的話，恐怕並不是靈魂本身直接將這些話傳給靈媒的，他只是將自己的意志，轉變為一種感覺，然後傳給靈媒，而靈媒再經由感覺，而以說話的方式，將靈魂的訊息傳給我們。

大部分的靈媒所說的話，就像是牙牙學語的三歲小孩一樣，令人聽不清楚。我和靈魂的對話通常進行得相當緩慢，而要以這種速度勸服靈魂，當然須要花一番功夫，所以事情當然也就不可能很順利地進行。

就因為這樣，為了要使靈魂回應我的勸服，與靈魂的對話必須相當地慎重其事，才能確實有除靈的跡象產生。

在降靈時如果因為一直沒有辦法如預期般聽到靈魂說話，也無法和靈魂的意志溝通，而操之過急，中途放棄的話，降靈是絕對不可能成功的。

耐心地和靈魂的意志相通，並且不厭其煩地反覆地和靈魂對話，是必要的。

至於談到名字，能夠很順利地問出靈魂名字的場合，實在很少，其中有的靈魂會說：「我沒有名字。」也有的會說出前後不符的名字，有的甚至會把自己的名字和別的死者的名字搞在一起。

當我問道：「這不是你弟弟的名字嗎？」

有些頑固的靈魂會回答：「這不是我弟弟的名字，而是我的名字。」硬是要把第三者的名字拿來當做自己的名字。

對於這樣的靈魂必須更有耐心，因為我們已經知道要面對的是一個已經去世的人，不能說這不是一件困難的工作。

那些沒有耐心，或是不相信有靈魂的人，可能會認為這種事是非常愚蠢的，而他們也會覺得降靈這件事毫無意義，根本不可能成功。

但是，只要有耐心，是絕對能夠和靈魂的意志相通的，如果再加上有答應靈魂要求的心理準備的話，一定可以說服靈魂，進而解除靈障。

## 5 降靈之後以護摩秘法除靈

如果被惡靈附身而造成身心的不適，通常可以藉由除靈，來恢復身心健康的狀態。而除靈的方法有很多，可以唸祈神的禱詞，供養不成佛靈，或者也可以藉著通靈者的意志力來除靈。

或許降靈法也可以說是除靈的一種形式，也就是說，藉著降靈而說服靈魂離開他所依附的身體。在所有除靈的方法中，我最看重的便是以降靈法來說服靈魂。

但是，因為對方是靈魂，所以即使我們已經和他明明白白地約定好，請他離開依附的身體，我們還是無法確定他是否真的會遵守約定，而且，即使他違背了諾言，我們也沒有辦法將他抓來審問一番，這一點是在降靈法中相當令人頭痛的地方。

至於我因為是真言密教的佛教徒，所以除了和靈魂對話之外，我還會在同時運用護摩秘法中，因緣解脫的祈禱，我深信藉此可以大大提高除靈的成功率。

我在前面曾經提過，大部份的附身靈在降靈之後，一定會叫著「供養」、「供養」，而發出悲痛的哀鳴，而一般人認為，這便是靈魂對活人提出供養之要求的一種證明。

我們在日常生活中供養祖先的靈魂，我想可以將其想成是在為消除自己的因緣而做努力。祖先的靈魂如果被供養的話，就可以使他們在靈界中看清自己的地位，讓他們以淨化向上為目標，專心致力於修行。

供養祖先的靈魂，如果是從心靈方面來看的話，便是由子孫以做善事、誠心的供養來替祖先清償未了的罪孽。

雖然說在佛壇或是祖先的墳墓前供奉各式各樣的供品，然後誠心地祈禱，也是很重要的，但是只有這樣並不能稱得上是真正的供養，真正的供養還必須到廟裡請

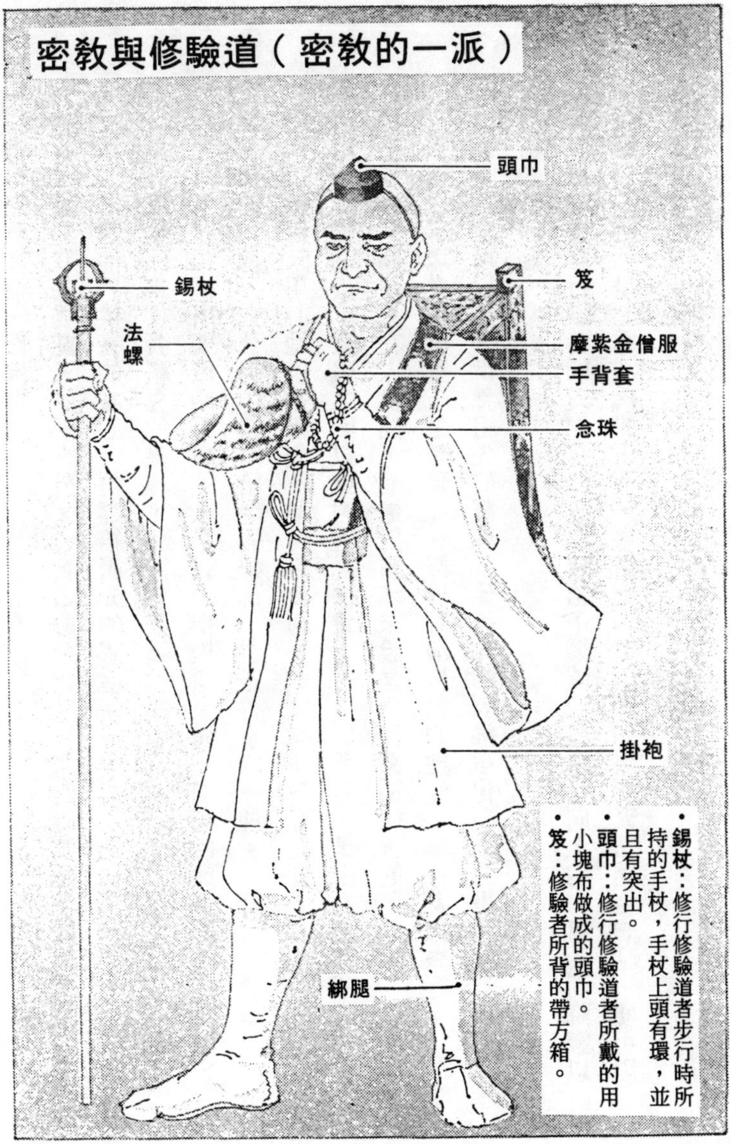
密教與修驗道（密教的一派）
頭巾
錫杖
笈
法螺
摩紫金僧服
手背套
念珠
掛袍
綁腿
•錫杖：修行修驗道者步行時所持的手杖，手杖上頭有環，並且有突出。
•頭巾：修行修驗道者所戴的用小塊布做成的頭巾。
•笈：修驗者所背的帶方箱。

和尚為祖先祈冥福、作佛事。

我除了為我的委託人除靈之外，還會鼓勵他們在我們的寺院接受因緣解脫的護摩秘法，好將他們供養的誠心，傳達給祖先的靈魂。

以護摩秘法來供養祖先的靈魂，與除惡靈這件事也有關聯。

另外，子孫們所要做的善事，未必只是指施捨金錢。為身體虛弱的人提帶子，也是善事的一種。在公車中讓座給老弱婦孺，也是善事的一種。

像這樣每天用心地供養祖先，便可以使祖先的靈魂早日淨化向上，而脫離惡靈的糾纏。降靈之後，靈魂之所以會叫著「供養」、「供養」，是因為這些不成佛靈進不了靈界，而迷失在人世間，而這對靈魂來說是比什麼都痛苦的。

靈魂之所以要求供養，是想藉此在靈界看清自己的地位，也好安心修行。

而子孫也可以藉著供養祖先的靈魂，使祖先的因緣淨化向上，也可以消除自己來自祖先的因緣。

降靈之後實行供養的護摩秘法，可以給予靈魂一股淨化向上的力量。而降靈以及護摩秘法絕不是七零八落的東西，事實上，這兩者如果能緊密結合的話，便可以帶來除靈的成果。

# 第七章　改變命運的原理與方法

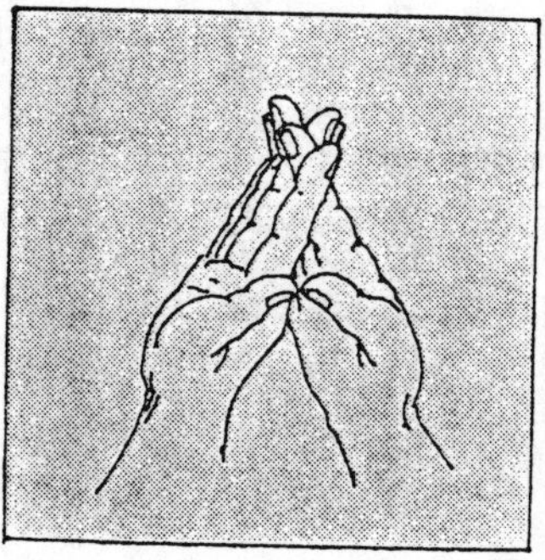

# 1 惡疾是人心的影子

人世間的事，未必能以道理來解釋，而且，所有的現象，也仍未完全能以科學證實，在我的周遭便曾經出現過許多無法以科學來證明，卻確實存在於現實的事。例如，為什麼根據護摩秘法可以治好人類的病，這絕對是科學所無法解釋的，然而現實生活中卻存在著許多因為接受護摩秘法而把病治好的例子。

雖然護摩秘法無法以科學來解釋，但它絕不只是單純的宗教作法，而即使它也無法以物理的實驗和醫學的理論來證明，卻確實有數不清的人，因為接受護摩秘法而把病治好了，這樣千真萬確的事實，讓我們不得不相信護摩秘法的力量。

如果談到護摩秘法為什麼能治病，以及改變人的命運，我想未必不能用以下的說法。例如，像疾病這種東西，如果光從它的症狀來看，我們可能會認為那是因為身體的異常所造成的結果，但是，如果說這疾病是被人類想出來的呢？

因為胃不好而不停的受盡折磨的人，也就是得了慢性的胃病，對於這種人，醫生通常會告訴他們：「你別再自尋煩惱了，請你以平常心來過神已經為你安排好的生活。」醫生也會告訴他們：「凡事千萬別強來，就這樣盡自己的本分，心平氣和的過日子。」

這種例子在現實世界中也有，我就曾經這樣告訴過一位婦人，而她也虛心接受我的話，改變了自己的生活方式，才使折磨了她十年的病漸漸好起來。

另外，如果是對於那些病情比較嚴重的病患，我通常會告訴他們：「什麼時候讓你生病或是什麼時候治好你的病，其實都是佛的意思，所以請你不要把你的身體當做是自己的，就當做是寄放在佛那裡的，看開一切去面對所有的病痛吧！」如果病人接受了我的勸告，而以平常心堅強地面對自己的病的話，他們的病反而會奇蹟似地不再發作。

有一個因便秘而困擾已久的婦人來找我，我曾經聽說她是個非常吝嗇的守財奴，所以我告訴她：

「節儉是很好的美德，但是如果該花錢的時候不花，只是一個人守著大筆的財產，這樣是不對的，妳應該儘可能去做一些善事，也可以捐些錢給寺廟，這樣可以使妳的心靈覺得充實，生活也會變得更有意義。」

這位婦人聽了我的話，不僅送東西給老人院及孤兒院，還做了許許多多的善事，而一直困擾著她的便秘，不久之後也好了。

另外，有一位頑固的神經痛患者，她在婚後五年便離婚了，她一個人把兒子養大，並栽培他唸大學。但是她一直很恨拋棄她的丈夫，幾乎想殺了他，她丈夫當年把三歲的小孩硬推給她，而且騙她在離婚協議書上蓋章，然後投向新歡的懷抱，所以這位婦人當然是恨之入骨，二十年來對他的恨意一直沒有消失過。

但是，就是因為這股恨意，使她沒有辦法恢復以前的生活，另一方面，即使她的丈夫知道自己錯了，而來向她道歉，以她的個性也不可能原諒她丈夫而和他破鏡重圓的，她對丈夫的這股恨意，也擾亂了她自己的生活。我告訴她，其實真正的贏家應該是不把對方當一回事，並且忘掉所有有關於他的事，即使對方是個讓她深惡痛絕，殺了他也無法消除恨意的人，我還告訴她，當對方不再出現在她的腦海中，便是她為他定罪的時候，也就是她贏了的時候，我勸她要把恨意從自己的心中去除，才能再度恢復過去平靜的生活。

頑固的她終究是被我說服了，之後她專心一意地走上信仰的道路，而神經痛的毛病也不再困擾著她。

我囉囉嗦嗦的舉了這麼多例子，便是要讓大家明白，其實疾病都是因為自己本身黑暗、冰冷或是懷恨的心，而表現在身體上的。

我認為護摩秘法便是藉著佛的庇佑力，將人們邪惡的心導入正途，而且也一併將表現在身體上的病痛去除。

「我現在所背負的痛苦，以及所患的疾病，不正是我自己邪惡的心靈表現在肉體上的影子嗎？」

我認為受疾病之苦的人，都必須像以上這樣好好的反省自己。

我曾經在一本書上看過，有一個人得到了原因不明的視力障礙，視力一直在減退當中，也就是說，很有失明的可能，而經大家努力調查的結果，竟然發現那是因為這個人在內心深深地告訴自己「不想再看到這個殘忍的現實世界」，使得他的眼睛本能的就好像真的不想再看到這個殘忍的現實世界一樣，視力漸漸減退。

他那顆因為看見悲哀而殘酷的現實而感到傷痛不已的心，由於拒絕再看到這一切，而使得眼睛漸漸看不見，但是如果能夠使他內心所受的傷害消失的話，他眼睛的視力還是可以恢復的。

就像這樣，人類的心與身，也就是靈與肉，在某些場合經常合為一體，而使人類承受痛苦。

從「靈肉同體」的法則來說的話，如果靈美好的話，肉也就跟著美好，而靈如果純淨的話，肉也會跟著純淨，同樣的，如果心生病的話，身也會生病，而如果心健康的話，身也會健康。

總之，護摩秘法具有治癒疾病的偉大力量，可想而知的，護摩秘法也可以淨化改善邪惡或是受到汚染的心。

## 2 命運掌握在自己手裡

雖然說疾病是人心的影子，但是受心靈狀態影響的不只是反應在疾病上而已，「命運」絕大部分也被人類自己的想法所左右。

所謂的命運，是指支配著人類一生的法則，而支配這法則的，則是人類自己的想法。

但是，一個人可以藉著信仰與祈禱修正這法則，而往更好的方向邁進，改變自己的命運。

自己不做任何努力，也沒有任何思想，只是聽天由命地任法則支配著，這種命運是出生的時候上天就註定好的，而這種人絕對沒有辦法從自己已經被決定好的生涯中跨出一步。雖然命運確實是上天所註定好的，但是如果一個人有預感自己的命運並不如自己所想像的一樣時，他便可能依照自己的意志，改變自己的命運。

所謂悟道的也是手段的一種，而祈禱也是改變命運的方法之一，如果一個人既不悟道，也不祈禱，再加上自己又不努力的話，是絕對不可能改變自己的命運的。

從每天努力的悟道中，我們可以發現人的力量確實是有限的，但是，如果將人類智慧所不及的地方，求助於神佛的話，就成了所謂的祈禱。

有兩個人夜宿於一家旅館。其中一個人在進入房間之前便先察看安全門在那裡，等一切都檢查妥了，確定安全了才上床睡覺，另一個人則是什麼都沒注意，喝得醉醺醺的倒頭便睡。

在兩個疲憊不堪的人都熟睡時，旅館卻在半夜發生了火災。

當他們醒來的時候，走廊已經是一片火海了，而濃煙也慢慢地侵入房間裡，他們倆因為是剛睡醒的緣故，頭還昏昏沈沈的，但當他們意識到發生了什麼事之後，覺得相當震驚害怕，一時之間就呆立在房間裡。

其中一個人在那時不由得合掌祈禱，在嘴裡唸著：「神啊！」就在那一瞬間，他突然想起在睡覺之前曾經先確認安全門的位置，所以他頓時放心了不少，然後馬上跑進浴室將毛毯弄濕，並且用毛毯蓋住自己的身體，到了走廊而後往太平門的方向猛衝過去，於是就在千鈞一髮的時候逃出了現場。

另一個人則只是驚惶失措地不知如何是好，最後終於被濃煙所呑噬，喪失了寶貴的性命。

沒有人會對這兩個人的行為做比較，人們只會同情死去的那個人的命運，並且為他祈求冥服。

這個故事當然是我自己編的，但是像這種不可思議的事，卻是確實存在於我們的現實生活中的。

逃離火場的那個人，在一到旅館便先確認安全門的位置，所以在臨危的時候，他便毫不考慮的向神佛祈禱，而祈禱之後使他鎮定了不少，也想起了安全門的位置，而後機警敏捷地逃離火場。

如果葬身火窟的那個人，在火災發生的當時並不肯向自己悲慘的命運低頭的話，一定會更努力地為自己尋求生路，如果再加一顆信仰心的話，或許可以改變自己悲慘的命運也說不定。

命運是非常無情的，並沒有辦法以人類的力量來改變它，所以才稱之為命運，但是，一個人如果時時刻刻孜孜不倦地努力學習各種東西，並且虔誠地向神佛祈禱，那麼改變命運是有可能的。

旅館的那兩個人，在同一天遇到火災，生命受到威脅，那是因為神給予他們非常殘酷的命運，但是，其中一個人逃出了火場，另一個人卻葬身火窟，這則是因為前者以雙手修正了自己的命運。

## 3 疾病、醫學與宗教

談到醫學和宗教，這是兩種完全相反的東西，各自擁有不同的知識領域，而無法相提並論，也就是說，他們無法在不同的領域中一較高下。

但是我卻不這麼認為，我想，現代醫學最欠缺的便是「宗教的心」。

曾經是日赤醫院院長，而現在是東京大學榮譽教授的外科權威——都築正雄博士，曾經說過一句話：「理想的醫生，必須同時扮演好醫生及宗教家的角色。」

很多疾病都是反應自心的狀態，所以為了要治好人的病，就必須先淨化改善人類的心。

因為，醫學和宗教就不能互相對立，而必須互相調和，互相幫助，來治好病人的病，這是很重要的。

醫學是為了救人，而宗教也是為了救人，所以以這點來說兩者是一致的，其實這並不是偶然，而是神佛的心運作的結果。

大家都知道以前的僧侶所擔任的便是醫生的工作，釋迦牟尼也曾在經典中記載著有關醫學的事，他認為為了幫助人們就必須讓他們懂得醫學常識，生病的時候才不致於不知所措，所以他才在經典中記載有關醫學的知識。

我通常會告訴生病的人說：「首先你必須遵照醫生的指示，按時服藥，並且專心養病。」

醫學日益發達，所以有醫生這個職業的存在，這是神佛的旨意；而人世間有藥的發明，這也是由於神佛的恩惠，所以我們所受的醫藥之賜其實是神佛庇佑的結果，也就是說，遵照醫生的指示，按時服藥，安心療養，這其實是神佛的恩惠的一種法則，而我偶爾也會說，如果我們一生病，就必須找優秀的醫生，吃好的藥，這才是最好的。

但是，我這裡所說的找優秀的醫生、吃好的藥，並不是沒有理由隨便說說的而已。

找優秀的醫生，吃好的藥，當然是比什麼都重要的事，但是光是這樣並非就沒事了。

疾病是人心的影子，即使吃了好的藥，也接受好醫生的指示，還是必須在同時使自己與神佛融為一體。

我想，再怎麼強健的身體，如果本身心術不正，而且心有毛病的話，即使吃再好的藥，或是醫生的醫術再怎麼高明，他病情的恢復都會進行得很慢。

相反的，即使是一個醫生認為沒救了的病患，只要他的心與神佛融合在一起的話，他的病還是可以有奇蹟似地被治好的可能。

所以，生病時找好的醫生來為自己治病是不用說的，但是當醫生也束手無策時，如果能與神佛相融合，就會有治好疾病的可能。

從很多例子中我們可以看出，疾病與信仰常常是在以現代醫學沒有辦法斷定病因、或是對疾病的治療非醫生能力所及的時候而相結合的。

而從另一方面來看，在現代醫學中所不得不處理的重傷及傳染病，醫生常常一方面依靠醫學上的治療方法，在另一方面卻又向佛祈禱著早日讓病人復原。

我想，以上種種正是醫學與宗教所謂兩人三腳的密切關係。

手術當然是由醫生來執行的，但是醫生也是人，他們並沒有辦法預知是否會有任何突然的意外，有時或許會發生以醫生的技術所沒有辦法控制的事，所以，醫生謹慎地發揮自己開刀的技術，並且在同時向神佛祈禱，才能提高治療的效果。

以我自己的經驗來說，有很多因為即將要動大手術的信徒，非常渴望地拜託我為他們做護摩祈禱，當然是要祈禱手術順利成功。

手術成功之後，病患的家人都會對我們大大地感謝一番，這時我會告訴他們：「以現今醫學的發達，這種手術要成功是沒什麼問題的。」然而事實上要完成這種手術相當困難，幾乎是沒什麼指望的。

手術之所以會成功，是因為在八個小時的手術過程中，一直有神佛在保佑著這名患者，而這位患者的父親也相信，那完全是神佛的心運作結果。

我認為，所謂的醫學和宗教兩者之間的關係，就像是前面所說的一樣，有著正面的意義。

「請介紹我高明的醫生。」「請給我最有效的藥。」像這樣的祈禱，也是醫學和宗教的調和。

「以現在醫生發展的程度來說，是沒有辦法治好這疾病的。」

「這已經是醫學的極限了。」

「但是，首先必須依靠神佛的神奇力量。」

也就是說，抱著──「既然沒有辦法以醫學來治療，今後的一切，也只好請神佛能讓病患繼續活下去。」的心態。

我認為像以上這樣醫學和宗教的結合，是非常重要的。

## 4　提昇魂魄可以為自己開運

如果在認為疾病是人心的影子，而一個人藉著本身的修行及努力，可以對自己的命運做某種程度的改善的前提下，那麼一個人如果提昇自己的魂魄的話，勢必也可以使身體變得健康，而且也能使自己的命運逐漸走向光明，那是因為提昇自己的魂魄，可以與神佛更接近。

在所謂的名僧和高僧中，有很多人活到九十歲以上的高齡，而身體並無任何病痛，我想那便是因為他們提昇了自己的靈魂，而改善了自己命運的結果。

為什麼提昇魂魄可以改善命運呢？前面已經說過了，那是與神佛接近的關係，但那同時也是因為所有的現象都是人心的影子，如果提昇魂魄的話，各種現象也可以獲得改善。

也就是說，超越了迷惑、煩惱，也就超越了自己的命運，而且也克服了疾病與肉體的不協調。神是沒有疾病和煩惱的。

憤怒、迷惑與煩惱，都是積壓在人體內的壓力，這些壓力不僅會侵蝕人類的心靈和肉體，還會使人類的生活失常，而誘發出疾病，如果一個在身心方面都有疾病的個體，是不可能踏上幸福的人生的。

美國一位名叫艾路蒙‧蓋伊志的科學家，做了一個有趣的實驗。

他說人類呼吸時所吐出的「氣息」，如果以液體空氣冷卻的話，將會出現某種沈澱物，而這種沈殿物隨著人類呼吸時情感狀態的不同，會出現各式各樣不同的顏色。

集合各種情感狀態互異的人來做實驗，將會發現以下各種事實。

「一個處於生氣狀態的人，呼吸的沈澱物是咖啡色的。」而「痛苦或悲傷時，沈澱物是灰色的。」另外，「處於後悔狀態的人，沈澱物是桃紅色的。」

像這樣分析的結果，發現生氣時所呼出的「氣息」的沈澱物，含有某種毒素。也就是說，「咖啡色」的沈澱物中含有毒，而令人驚訝的是，經實驗的結果發現，如果將這種咖啡色的沈澱物注入老鼠的體內，老鼠會在幾分鐘之內氣絕身亡。

一個人如果生氣了一個小時所發出的毒素，足以讓七、八十人喪命，這真是可怕啊！

像這樣的毒素如果一直持續地出現的話，對人體來說當然不好，可想而知，這些毒素一定會侵蝕一個人的身體，而奪走他的生命。

心理學家威廉·詹姆斯也曾經一針見血地說出同樣意思的話，他說：「一個人的人生和他的肝臟相通。」

前面已經說過，人生氣的時候因為心裡有不滿的情緒，所以會在血液中產生毒素，而用來清除這些毒素的，便是「肝臟」。

威廉·詹姆斯所說的——「一個人的人生和他的肝臟相通」，與艾路蒙·蓋伊志的實驗其實是一致的。

一個人在日常生活中如果不能保持平常心，提昇自己的魂魄，並且懷著超越一切的心境的話，將會不間斷在血液中產生足以致命的激烈毒素，而當毒素的分量已經變得太多，那個時候，再怎麼健康的肝臟，恐怕都沒有辦法處理這些毒素。過著不生氣、不怨嘆、不痛苦，而提昇魂魄的生活，便不會有任何疾病，而且還有改善命運的可能。

信仰者不僅長壽，還能改善自己的命運，我想那是因為他們提昇了自己的魂魄，而使身心得到淨化，而過著無病且心懷感謝的生活。

# 第八章　有效的護摩祈願方法

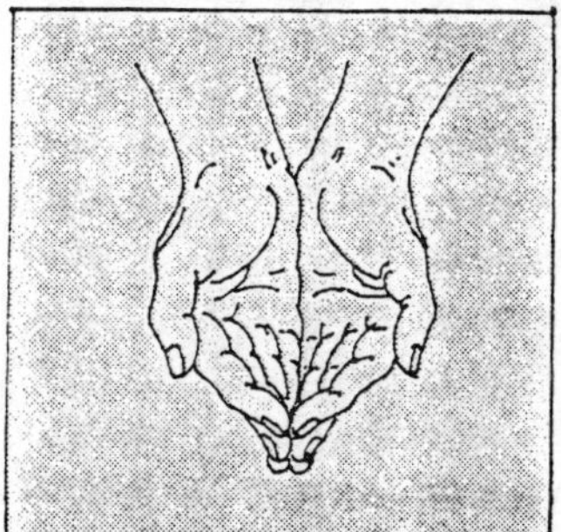

# 1 以行動來表現神想觀的護摩祈願

所謂的「神想觀」，是生長之家的創始人谷口雅春大師所最先使用的說法。

如果要簡單地來說明神想觀的意思，那麼就如它字面上所說的：「虔誠地想著神。」

也就是一心想著神、呼喚神，如果虔誠地這樣做的話，便稱之為「神想觀」。

谷口大師一再主張從人類出生的時候開始，便在意識和心靈的深處感覺到神的存在。

不知道神的人，是不可能對神持有任何看法的，就好像不知道香煙的人，也不可能對它抱有任何的想法，而既沒有看過也沒有吃過冰淇淋的人，更不可能知道它的滋味如何。

谷口大師主張，人之所以能夠對神持有任何看法，那是因為我們早已經在潛意識中深刻地感覺到神的存在，而且也早已經對神感到熟悉。

他說，神想觀便是將存在自己意識深處中的「神」，浮到表面上來。

將神浮出意識的表面，然後虔誠地想著神，也就是我所說的「與神佛融合為一體」的表現。

但我想對人類而言，只是想著某一樣東西，便要與它融合為一體，去感覺它、體會它，這是非常困難的。

與心懷感謝比起來，用行動來表示感謝的心，當然更能讓對方具體的感覺到自己對他的謝意。

至於談到悲傷的表現，有的人淚流滿面，有的人則帶著悲傷的表情向對方傾訴，兩者比起來，後者當然更容易也更能表現出自己的悲傷。

想神的場合，也就是讓神在腦海中浮現的時候也是一樣的，我認為比起打坐，或是集中精神地來想神，在那種時候添加一下舉行儀式這個舉動，似乎來得有效多了。

那麼，以行動來表現神想觀的修法，我想那便是護摩秘法。

護摩秘法是密教中為了達到立地成佛的境界所舉行的儀式，我想如果護摩秘法用在為了與神佛融合為一體時，除了想神之外，一定能更具體的以強大的力量來向神佛傾訴，並且以強烈的心志向神佛祈禱。

根據秘法來燃燒火焰，唱陀羅尼好推動神佛的舉動，是非常激烈的，所以也才能更具體，更輕易地讓神佛領會得到。

護摩是取自印度古語的發音，而護摩的發生則是流傳自古印度燃燒火焰以祭神的宗教習慣。

已經有多位偉大的佛教界人士藉著苦行或修行來傳播密教儀式，這是由佛教的宗祖弘法大師所帶回日本的，其中添加了許多過去日本所沒有的秘法，而使得更多的奇蹟及靈驗在我們的身上實現。

所謂的護摩就像大家所知道的一樣，先設有護摩壇，再在其爐上燃燒護摩符，然後行使秘法。

這種秘法並不是每個人都可以執行的，必須是潛心修行，不管是身為僧侶，或是身而為人，都可以稱得上是一位傑出之大師的人才有資格來執行。

秘法的行使很多時候是為了要使自己悟道、普渡衆生或是鎮護國家。

關於護摩秘法的許多不可思議的靈驗，我已經在本書中做過論述。

當神佛浮出我們意識的表面時；當我們與神佛合為一體而達到立地成佛的境界時，便會產生一股偉大的力量，治好我們的病，並且改善我們的命運。

## 2　真言密教與護摩秘法

因為「佛的語言」是用來表達真理的，因此稱之為「真言」。

人類為了要開悟，就必須要遵從「真言」的指示而生活，但是所謂的真言並不是一旦將真理說出口，還能有任何虛偽或是矯飾的表現。

真言是深藏在內心的語言，所以真言也可以說是秘密語或是密言。

真言是宇宙的真理、人類的悟道，而真言宗密教便是透過真言與神佛直接聯繫，而後求取利益。

與神佛直接聯繫，就是表示與神佛融合為一體，藉著佛的偉大力量，使自己以立地成佛的狀態存在。

如果佛的力量遍及我們身上的話，要實現所有的願望並非不可能的。

如果想從充滿痛苦的人生中獲救的話，向佛祈禱而與其融合為一體，是非常重要的。

如果佛的力量能充滿我們整個體內，那麼我們本身便可以稱得上是佛了。

例如，一個生病的人向修行者要求幫他做治好疾病的護摩秘法，這個時候便是因為不管是修行者或許願的人都和佛融合為一體，所以才能產生利益。

密教的教義非常困難，並不是用簡單的兩、三句話便可以說明清楚的，即使已經了解了世界觀、理想以及佛陀觀，還是沒辦法完全體會密教的教義。

形成整個世界的，是所謂的地、水、火、風、空、識六種東西。而以密教的想法認為，以上這些同時也是現實中的佛，世界便是這樣的淨土，而佛便是佛。

一般的佛教觀認為，人間終究是人間，至於佛的世界，平凡的俗人是沒有辦法到達的。

但是，密教的教義卻告訴人們，同時用心體會以上兩者，而使自己開悟，是非常重要的。

像這樣的境界便是把佛的心當作自己的心，並且深刻地去感受它，彼此相契合，這種為身、口、意三密，而以圖來表示人和佛之間關係的是曼荼羅。

一般的佛教認為，佛的世界是沒有辦法解釋的，人類和佛之間有一線之隔，卻因佛而獲救，那完全是因為人類自己覺悟的結果。

但是，密教卻鼓勵人們積極地投身佛界，以求與佛融為一體。

這種方法密教可以藉著實行三密而領會出來。

積極的祈禱、積極的導出利益，就是佛教世界中的密教。由秘法中導出佛的保佑，而使我們得以蒙受利益的真言密教，可以說是為了救贖而產生的佛教，也可以說是現世利益的佛教，我想真言密教也就是普渡衆生的佛教。

## 3 護摩秘法與現世利益

談到現世利益，其實並不需要特別說明，它指的就是把一切寄託於神佛，而使自己從痛苦的生活及充滿迷惑的世界中解脫

也就是說，如果祈禱的話，可以讓神保佑我們，也使我們得以得到神的幫助。

更具體一點來說，如果生病的時候，向佛祈禱的話，便可以把病治好，或是要參加很難的考試，向佛祈禱的話也可以順利通過考試，另外還有財運、開運等等許多賦與我們身上的現世利益。

在真言宗密教中，當為了使一個人的肉體與神佛融合為一體，也就是為了「接近佛的境地」，而做護摩秘法的修行，祈禱能立地成佛時，可以發現秘法能夠表現

出許多諸如治病、消災或是開運的現世利益。

站在正統佛教信仰的立場來說，追求現世利益和修行秘法是完全不同的兩回事，但是對一般人而言，幾乎都是以追求現世利益為出發點，才開始有信仰的。以追求現世利益為出發點，而開始接觸佛的世界，並且接受佛種種的保佑，這個時候，人們才開始自然地體會到——「啊！原來佛教是這麽一回事。」「所謂的真言密教，它的教義原來是這樣的。」

有些人一開始只是為了求得現世利益，使自己獲得救贖才信佛的，但是現在卻深深地皈依佛門，在我身旁就有許許多多這樣的例子。

「我想脫離貧窮的困境，我只求神讓我過著三餐溫飽的生活。」抱持這種沒有骨氣想法的人，在向神佛祈禱後而實現自己的願望時，他會開始相信那是佛保佑他的結果，而漸漸地想要更深入地去了解佛，如果是這樣的話，那麼想追求現世利益也不是壞事。

有很多人在逐漸了解佛之後，並不求現世利益，而深深的領會到佛的教義不僅使人類淨化向上，而且能引導人們從迷惘的世界進入悟道的世界，最後自己成了虔誠的佛教徒。

弘法大師往長安之旅程的路線

有一個人患了連醫生都放棄治療的惡疾，他來到我們的寺院要求修行護摩秘法，他的妻子和我一起祈禱希望能救丈夫一命，而最後這個願望終於實現，他也平安無事地出院。

但是，在那個時候，他的妻子已經超越了單純地祈求丈夫的疾病痊癒的現世利益，而了解到佛教的教義是她最有效的悟道。

即使是現世利益也不能像酒或麻藥一樣，能夠馬上在身體上表現出效果來。遵從佛教的教規，然後藉著護摩秘法，花長時間地來推動佛，使佛的心與我們的心緊緊地相契合，這種第一次所受到的佛的庇蔭，是永遠忘不了的。

根據人們因緣深淺的程度，或是蒙受利益方法的不同，效果也會有多種不同。

如果以短時間的祈禱，便獲如願以償的話，接下來要持續三年的護摩秘法，最後便能獲得神的保佑。

我寫了很多本書，也常在我的演講中告訴別人，如果想要有一副健康的身體，即使每天吃魚吃肉，也是沒有辦法做到的，那必須長時間地注意營養的均衡，並且持續規則而定時定量的生活，才能造就一副強健的體魄。

信仰也可以說是與以上是完全一樣的。

如果碰到麻煩事便急急躁躁地跑去向佛祈禱，是沒有辦法馬上就有效果出現的。

如果一個人想過幸福的日子，想踏上光明的人生旅途，就必須每天不間斷地過著虔誠地向佛祈禱的生活，才能讓迷惘及煩惱一點一點地減少，最後展現出一個既幸福又健康的嶄新自我。

我想，這不就是真正的現世利益嗎？

每天誦經、供養祖先、為他人服務，偶爾也造訪一下神社佛閣、祭謁祖墳，接受禱告或焚燒護摩，在反覆過著這樣的生活之後，在不知不覺中，自己的身旁會充滿了感謝與喜悅，如果仔細看的話，還會發現自己的命運已經改善了。

我想說的是，如果一開始是為了逃避現實、治好疾病、或是脫離煩惱，才向佛祈求現世利益的話，這樣並沒有什麼不對。

即使最初的目的是為了求得現世利益，也應該會在不知不覺中更加深入地鑽研佛的義理，並且更加確定佛對人類的救贖。

## 4　護摩是虔誠祈禱的最高形式

藉著向神佛祈禱而實現願望，實際上當然沒有向神佛祈禱之後還沒能如願以償的，因為佛並沒有那麼小心眼。

但是，祈禱是無我、虔誠地許願的表現，而燃燒自己強烈的宿願才是正確的祈禱方法。

相反的，如果再怎樣都沒辦法統一自己的心志，並且無法進入祈禱的狀況的話，可以說很少會有祈禱的效果。

就像我在前幾章所說的，庇佑祈禱必須結合許願者的信任力、修行者的意志力，以及如來佛的庇佑力，才能實現許願者的願望。

許願者是指心中有願望而求實現的人，如果許願者對神佛抱著強烈的信任感，他所許的願望可以說非常有可能實現。

如果許願者在面對佛時，卻心存雜念或是心有旁騖，那麼以這種不平靜的心靈狀態，當然是沒辦法和神佛融合為一體的。

只有心靈保持鎮定不亂，心懷宏誓大願地在內心激烈地呼喚佛的姿態，才能成就大願望。

弘法大師在『立地成佛』一書中說道：「庇佑所表現出的是如來佛的大慈大悲

加上衆生的信任，於是，佛日的影子映照在衆生的心湖上，便稱之為『庇』，而修行者的心湖感應到佛日，則稱為『佑』。」這如果用來考量現實中祈願的場合，便可以說是——佛的靈光照映在許願人的心湖上，便是所謂的「庇」，而接受祈願的委託之修行者，在自己的心湖中感應到佛的靈光，便稱為「佑」。這的確是非常微妙的真理，如果要解釋的話，反而會遠離了原來的意思，所以這是很難解釋的，但如果要簡單地來說明的話，我想可以將其想成是祈禱的許願人和修行秘法的修行者，與佛相合為一，而使佛的靈力更加增強。

雖然說佛日的影子映照在衆生的心湖上，我認為也可以將其說成佛的心和衆生的心連成一體。

雖然說有人可以面向佛壇而坐，心無雜念且虔誠地合掌祈禱，但一般人不是都說這樣相當困難嗎?我想，比起在心中唸佛，根據護摩秘法而舉行秘儀秘法來向神佛傾訴，似乎更能確切地產生祈禱的力量。

誦經、陀羅尼、燃燒護摩，在這樣嚴肅的秘儀修法的氣氛中，人們第一次心靈躍動，並且打開心門地沈浸在佛的世界中，我想這麼說來，護摩秘法不也可以說是發揮了以直接與佛聯繫為手段，而將許願人的心引進祈禱的世界中之高明功夫。

就我們所親眼看到的許多因護摩秘法而改善命運或是治好疾病的靈驗例子來說，我想那不正是與神佛融為一體的表現，也是偉大力量的發揮。

## 5　當事人也參與祈禱的護摩秘法

我們的寺院——寶珠院每天的任務，便是將寫有許願人名字、生年月日以及祈願內容的護摩符，一張一張的唸誦，然後投入火中，之後再行修法。

在這種場合，委託祈願的許願人當然並不會出現在護摩修法之祈禱的護摩壇前面，本來根據護摩修法的祈願，亦即庇佑祈禱效果之呈現，就像我前面說過，是在許願者的信任力，修行者的意志力和如來佛的庇佑力三者融合為一的時候，而這三者的合體，使得護摩秘法深具意義。

如果就這點來考量的時候，只要交出自己的護摩符。即使本身不做任何努力，寺院還是能幫我們將一切處理得好好的，但是如果抱持著只要優閒地依靠寺院，也不必做其他的事，便可以蒙受利益的態度是不對的。

自己所交出的護摩符，在寺院進行修法的時候，被投入火中，雖然說預期為許願人實現願望的修行者，以強烈的意志力在進行修法，而許願人本身並不在護摩壇旁邊，但是許願人不能什麼都不做，只是等著靈驗的實現，而必須在心中唸著佛，而且不能忘記自己也可以算是參加修法的一份子。

如果時間允許的話，許願人自己也能坐在護摩壇前面，合掌唱經，與修行者一起虔誠地向神佛祈禱，這是最有效的方法。

但是，有些工作忙碌的人，當灰沒辦法每天早晨都來到寺院，坐在護摩壇前參加修法的進行。

但是一個月大概來一次，使自己實際上參與修法的進行，而與修行者一起祈禱，這至少是比較有效的方法。

我們的寺院在每個月的二十八號會舉行護摩秘法的大祭典，那是一般信徒來參加護摩佛事的日子，如果是平常日子的話，只要事先打通電話來和我們聯絡，便可以自由參加寺院每天早上所舉行的護摩修法。

在為家人的病而前來祈禱的例子中，有些人會在我們的寺院待上幾天好參加護摩修法，但其中也有在一天中往返的人。

當然像前面所說的參加護摩修法的次數，並不會影響現世利益的獲得，最重要還是自己自始至終所抱持的心態。一個生了病動彈不得的人，躺在床上參加護摩修法，這種精神不是很可貴嗎？

那些每天過著忙碌生活的人，如果能在百忙之中有心抽出一些時間使自己靜下心來，參加護摩修法，那是很重要的。

當然許願人未必非得坐在我們本寺大本堂的護摩壇前面不可，在任何場所，任何允許的範圍內，只要抱著參加護摩修法的心便可以了，然後一個月大概一次左右，在閒暇的時候再抽空前來我們的寺院參加護摩祈願。我希望不管是任何人都能這樣實行，而且不管身處何處，都不會喪失參加護摩修法的心，偶爾也抽空來坐在我們本堂的佛祖面前祈禱……。

## 6 祈禱的重要性

我想如果只是交出自己的護摩符，以後的一切完全依靠修行者以及佛的話，是不能說有祈願效果的，而擁有自己親自參與祈禱，與修行者共同與佛融合的機會，是很重要的一件事。

我希望各位能夠了解，為了要藉著祈禱，而使靈驗在我們身上實現，許願人、修行者、和佛的互相感應，融為一體，是非常重要的。

我在此站在許願人的立場來做說明，對許願人而言，他的心只要毫無雜念，完全地相信神，並且虔誠地向佛祈禱便可以了，這也是許願人所要做的最重要的事。

我想來我們寺院做護摩祈禱的人，心裡對佛一定抱著相當大的期望。

什麼時候我的病會好起來呢？佛真的會保佑我嗎？像這樣許許多多世俗的想法，會在許願人的胸中來回盤旋。

然而，一旦坐在神佛面前，就必須將湧上來的所有雜念從心中去除，然後再一邊想著佛，就好像護摩的火焰也燃燒著我們的身體一樣，以激烈的氣魄合掌祈禱，這是很重要的。

換個方式來說，就是必須在胸中對救贖抱著深深的肯定，而沒有任何迷惑。

舉個例子來說，即使醫生已經宣布自己的病沒救了，只剩下幾天的生命，也不要對自己明天的命運會變得如何，感到恐懼且不知所措，而跌入絕對的深淵，是在面對死亡的時刻，也應該相信佛的庇佑，並且祈禱奇蹟的出現。

這便是祈禱所應有的態度。

即使到了最後關頭也不放棄對佛保佑衆生的信任，而虔誠地祈禱，這是引出佛的庇佑力之方法。

或許，這也正是一個接受護摩秘法的信徒之必要條件。雖然自己至今仍承受著許多痛苦，但是仍然相信，自己的痛苦因佛而解除的時刻已經來了。

對救贖絕對地確信——這種毫無雜念的姿態，便是佛的境地。一面忍耐著痛苦，一面在心中抱著對明日希望的喜悅，並且相信為今天祈禱，將成為命運的光芒。

祈禱並不表示絕望，祈禱的行為是為了打開明天的那一扇門。

在人類中潛在隱藏的佛性，在祈禱的時候才第一次被發掘出來。當自己成為佛之後，才得以發揮偉大的力量，不僅連癌症都能治好，而且使明天的命運有個嶄新的開始，使奇蹟出現。

不管在什麼時候，也不管事態到了如何嚴重的地步，只要能夠將自己託付予佛而祈禱的話，一定可以使護摩秘法的靈驗在我們身上實現。

## 7 在心中持續一再地祈禱

我已經在本書中說過，希望藉著護摩秘法而使靈驗發生的許願人，如果認為只要將祈願委託修行者之後，自己便不須要再做任何事，那是大錯特錯的。

所謂的祈願是告訴佛自己的願望以期能如願以償，這和有事拜託熟人或朋友，是完全不同的兩回事。

託朋友為我們做事，如果事情完成了，帶盒糖果送去給朋友，就可以算是合乎情理了。

至於對佛之誠意的表現，那就得完全要看你自己是否深具信仰心了。

我已經說過了好多次，密教秘法之所以有偉大的力量，是因為佛和許願人已經融合為一體，也就是說，立地成佛的神秘已經因為許願人的推動，而帶來了靈驗。

如果仔細考慮這件事的話，會發現祈禱的許願人，必須持續過著祈禱的生活。

我們每天在心裡重複去真實地感受佛在我們身上，這是很重要的。

在清晨醒來的時候祈禱、用餐的時候祈禱、晚上就寢之前也要祈禱。

# 曼荼羅

（佛教悟的境地，以及將那個境地所具備的功德所畫出來的圖，另外也是指用來悟道的道場及佛壇。）

胎藏界及金剛界兩界之曼荼羅，是真言密教的根本經典，兩者是根據大日經所描繪出佛的分佈及悟道世界的表現。

這麼一來，就未必非得要坐在佛壇前面合掌祈禱才可以了。

在購物、出外用餐時，或是趁著在伸手拿筷子之前的短時間內，在內心描繪佛的模樣，這也是祈禱的生活。

我們可以在心中念著「南無大師遍照金剛」，或是「南無阿彌陀佛」，但是我想，如果是一個沒有信仰而且討厭唸這類詞句的人，可以改在心中反覆玩味著「請治好我先生的病」，或是「無論如何請治好我身體上的不適」等祈願內容的旨趣。

形式是很重要的，但是比形式更重要的是一顆虔誠的心。

在祈禱之後，便將佛忘得一乾二淨，而且過著沒有信仰的生活，這樣當然沒有辦法將祈禱的力量傳達到佛那裡。

不管自己許了什麼願，都必須每天每天持續地虔誠的祈禱，才能使靈驗實現。即使佛與許願人之間的橋樑——修行者以虔誠的態度來面對神佛，而祈願的當事人卻對佛非常的失禮，這樣一來，祈願的內容是絕對不可能實現的，所以說，除了修行者虔誠地祈禱外，還須要許願者本人不忘在日常生活中，以持續的祈禱來配合。

# 8 百日祈願與千日祈願

現在讓我來談談百日祈願和千日祈願，在護摩秘法中並沒有特別規定許願人非得要做百日祈願，或是千日祈願不可。

只要是在許願人許可的時間範圍之內，不管是十日祈願或是三十日祈願都可以，日數的長短並不是問題。

但是就像我在前面一節所強調的，不管是做幾天的祈願，在那段期間內，每天都必須持續地祈禱、焚燒護摩，才能有靈驗實現的希望。

因為是與佛心靈相通，所以日數和金額都不是問題所在。

但是，和十日祈願比起來，做二十日祈願的許願人多做了幾天的秘法，也有更多的時間向佛傾訴，因此當然也就能更容易地將自己虔誠許願的心，傳達給佛知道。就因為這樣，才會有像百日祈願、千日祈願將日數顯現出來的說法。

我想，祈願時間的長短可以說是許願人祈願之強烈的一種證明。

但是，祈禱的方法當然會因人或因事而不同，所以未必要在乎秘法之日數的長短，十天一次，或是半個月一次地來寺院祭拜、焚燒護摩，我想這和持續祈禱有同樣的效果。

如果心不在焉，馬馬虎虎地祈禱的話，即使持續祈禱個十年都不會有任何效果，但是如果能虔誠地將自己的願望向佛傾訴的話，隨著持續祈禱的日數之增長，將會使靈驗更具效果。

## 9　實現宏願的愛鷹不動尊

我們的寺院是密教的祈願寺，而佛祖是不動明王。

我們的不動明王被信徒稱為「實現宏願的愛鷹不動」。

其由來是因為以前在東北地方有一位信徒，從開始生病之後便承受了種種的痛苦，於是他變得對生活不抱任何希望而跌入絕望的深淵，他曾經來過寶珠院向不動明王祈禱，然而事後他的病情確沒能好轉。

「世界上根本沒有神與佛。」

他不僅變得厭惡不動明王，還捨棄了信仰，當晚，不動明王便出現在他的夢中。

「你必須祈禱將自己所承受的種種痛苦，一個一個慢慢的消失。」

隔天早上，那位信徒馬上照不動明王的話去做，而他的痛苦真的一點一點地消失了。

據說在這件事情之後，便從那位信徒口中流傳出「實現宏願的愛鷹不動」這句話。

我想，在向神佛祈禱的時候，不能只是隨隨便便的說出自己的心願，而必須明明白白地說出自己的意圖與目的，這才是更正確的祈願方法。

如果祈禱像「請治好我的病。」「請保佑我通過考試。」「請賜給我一段好因緣。」「請讓我生意興隆。」……等等的祈願，是絕對不會嫌多的，因為佛是萬能的，我相信不管在何時何地，即使有再多的願望都能夠實現。

但是我已經說過很多次，必須是強烈地祈禱的力量與佛感應之後，才能產生庇佑力，使許願人的願望實現。而前面所說過的那個信徒所做的夢，便是佛的心靈運作的結果。

# 第九章　護摩祈願的種類與實際

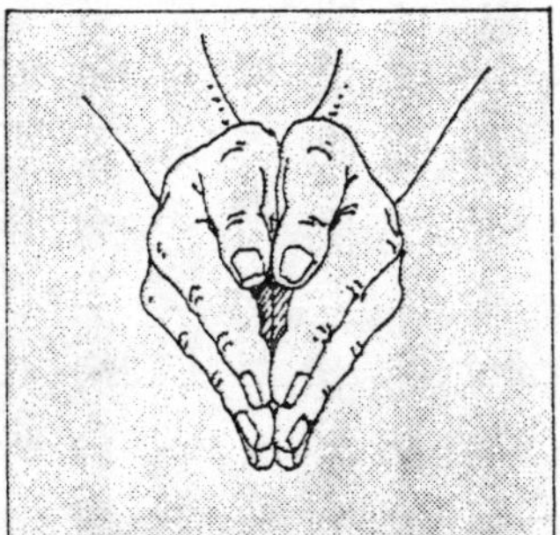

# 1　祈求惡疾痊癒

我們的寺院是一座祈願寺，所以有很多祈願的許願人前來參拜。

祈願的內容當然是因人而異的，不管許願的人許了什麼樣的願望，我們都將它們當做是衆生所求的宏誓大願，所以也就很樂意地接受。

但是其中令人感到相當不解的是，為數最多的祈願是要祈禱治好疾病的。

談到生病的痛苦，因為我並非當事人，所以很難真實地去體會，而病人家屬的辛苦，也不亞於病人自己所承受的痛苦。

我想，或許沒有什麼比生病更令人痛苦的了。

釋迦牟尼說，人類是註定要承受「四苦八苦」的，而其中便包括了「生老病死」，「病」也是其中之一。

如果能治好自己的病而恢復健康的身體，財富和名譽也就顯得不那麼重要了，生病的人一定會認為沒有人不願意拿財富和名譽來交換一副健康的身體。

感冒因為只是一時的病痛，所以生活上還應付得過來，至於那些因為染上原因不明的惡疾而長年因病受盡折磨的人，可以說是一年到頭都過著灰暗的日子。

或許我們可以說那些成天躺在病床上的人，是活在人間地獄裡。

只要痛苦都會叫人難以消受，但是生病的痛苦可以說是最叫人難以忍受的，不是嗎？

我們就常在新聞報導中看到有些人因為受不了疾病的痛苦而自殺，我想他們大概是因為對自己的病抱著絕望的態度，認為沒有治癒的希望，所以才會走上自殺這條絕路。

像那些用盡各種治療方法，而且找遍各名醫都沒辦法治好的病，其實比我們想像中的還要多，而罹患這種惡疾的人，也只剩下虔誠地向神佛祈禱，以求奇蹟出現的這條路了。

人們之所以走上信仰的道路，因為「疾病」的動機佔了很大的比例，這或許也可以說是必然的事。

無法掙脫疾病痛苦的人，是為了將一切寄託神佛，以祈求疾病痊癒才開始信教的。

護摩祈願的種類中，有很多是祈求治癒疾病，那便是因為以上的理由。

疾病有很多種，但是人稱的「惡疾」，多半是以慢性疾病居多。

不管一種疾病有多折磨人，只要是確信在一定期間內肯定能被醫生治好，還不致於會使病患落入絕望的深淵，但是只要是慢性病的話，痛苦每天在持續著，所以來祈禱的人也就很多。

另外，如果是絕症的話，來祈禱的人也很多，例如，就像我前面說過的癌症、白血病、或是壞疽症。

如果以醫學常識或是科學方面來考量的話，癌症或是白血病病患即使是佛的保佑，也沒有治癒的可能，所以才把臨終前的希望寄託於神佛。

像腦性小兒痲痺、脊椎性小兒痲痺、精神分裂症、癲癇、心臟病、關節炎、胃潰瘍、皮膚病、夜尿症、失眠症、便秘、子宮肌腫、眼疾、腦中風、氣喘……等等的疾病，加上醫學中所稱的怪病，這些在大學醫院的診療科目中都是很難處理的病症，所以，寺院才會有那麼多祈求治好疾病的祈願，大家都希望藉著護摩秘法來開啟救贖的明燈。

所謂的怪病，從字面上看便知道是一種完全沒聽過的奇怪症狀，因為是怪病，所以以醫學的治療法是非常難處置的，即使病人換了很多醫院與醫生，還是沒辦法被治好，所以最後只好依賴神佛的力量。

## 2 祈求健康無恙

來做護摩秘法的當然不只是生病的人。

人們常說「無病消災」，每個人都希望能健康地過生活，於是會遵從神的心意，那是很自然的道理。

即使沒有生病，還是必須向神佛虔誠地祈求健康，並且感謝它賜予自己健康的身體，這才是真正的信仰，此外，在往後的每天還是要不斷地重複祈求「健康」與「無恙」，這也才是具有宗教意義的生活。

我在前面曾經說過，疾病是人心的影子，同樣的，所有的現象也是反映自心靈的結果，如果一個人能夠信仰神佛、感謝神佛，並且保持一顆清心，便能過著與疾病無緣的生活。

如果能這樣想的話，那麼偶爾到神社佛閣去參拜，祈求「無病消災」，便可以說是宗教的生活，或是信仰者的行動。

一個人的生命力，便是指存在他體內的神，而淨化生命力為的也就是健康無恙，我們在日常生活中祈求「無病消災」，同時還必須注意自我的淨化。用醫藥來治病，對治癒疾病的祈願來說也是很重要的，因為那可以在病人體內增強自然治癒力。

洗清世俗的雜念，並且每天都以一顆清靜的心來面對神佛，為的就是要祈求健康無恙。

人體與病魔搏鬥，而後擊敗病魔，不用說這便是自然的力量運作的結果，我們可以在我們身旁看到許多因為不注意身體而生病的人，而在不知不覺中自然恢復健康的例子。這便是因為自然治癒力悄悄地將疾病消滅。

如果換個說法來解釋祈求健康無恙這件事的話，可以說是將我們的肉體與神接近，然後藉著與佛融合為一體，使自己的體內充滿了自然治癒力。

## 3 實現宏願的護摩秘法

人生是完全靠自己的努力與才能所走出來的一條路。

一個人如果不知道奮發上進，即使他本身具有多麼傲人的才能，都不可能達成任何理想，更不可能出人頭地。

相反的，一個人如果肯努力，好好發揮自己僅有的才能，再乘勢出擊的話，一定可以為自己開創出美好的前程。

或許有人會說那是運氣問題，但是前者之所以會落到那樣的地步，是因為他所抱持的生命法則有所偏差。

而成名的人所抱持的法則多半與其相反，所以才有機會出人頭地，相反的，如果有人不管再怎麼努力，再怎麼有才能，根據生命的法則卻沒有辦法獲得幸運，而不得已過著失意的人生，那當然是有原因的。

所謂人類生命的法則，就如同是某種調子。

有高潮的時候，有幸運的時候，也有可能發生意外事故，或是事業每下愈況，這些各式各樣不同的調子，在人類的生命中，一再重複地出現。

遺憾的是，我們並無法親自控制生命的調子，我想我們除了向神佛祈禱，以求修正自己的命運（生命的調子）之外，的確沒有其他的方法。

人不管在做什麼事時，如果向神佛祈禱以求願望實現的話，為的就是希望能藉著神佛的力量，將人生的調子轉換為自己喜歡的方向。

例如，祈求錄取、祈求完成學業，或是祈求事業成功，我想像這樣子祈求實現宏願（修正命運），也可以說是向神佛祈禱的一種標準的基本型式。

人們去參拜天神的時候，會將寫上自己心願的籤紙，繫在屋簷下面，這樣一來，因為已經左右了生命的法則，所以會有更好的調子出現，也就是說，與修正命運的祈禱沒有什麼兩樣。

總之，實現宏願的祈禱就如以上的說明，即使自己有才能又肯努力，還是必須讓神佛將自己生命的法則修正回標準的軌道上去。

## 4 祈求天賜良緣

在神明中有人專門負責人類緣份的結合，使人與人相遇、相愛而結合。

來寺院祈禱的人當中，就有相當多的人是為了祈求天賜良緣而來的。

如果仔細觀察祈求天賜良緣的意義的話，或許可以說其與實現宏願的祈願非常類似。

弘法大師的東大寺及高野山，至今仍是衆生心靈的歸屬。

弘法大師在高野山所留下的遺言——「我將永遠回歸山林」將永遠入定高野山。

有些人品很好的男性，或是面貌姣好的女性，卻不曉得為什麼一直找不到合適的伴侶，這些人本身既不逃避婚姻，也不是抱著獨身主義者，事實上，如果有好的人選出現的話，他們也會考慮結婚的，但是就是不知道為什麼一直沒辦法完成終身大事。

如果仔細考量的話，會發現那除了是因為這些人本身所具備的某種生命法則而造成的結果之外，沒有其他的可能。

像這種以人類的智慧無法判斷之不可思議現象，便是涉及到神佛的領域。有些心靈研究家和宗教家認為，良緣之所以未到，因為人的不同，可能是由「靈障」所造成，也可能是因為緣份受到魔咒，如果那將會影響良緣的話，就必須除掉惡靈，才能使自己幸福。

至於除靈則必須運用到護摩秘法才能解除靈障。如果是因為生命的法則而使一個人沒有辦法與適合的人相遇的話，那就必須藉著超越人類之上的神秘力量來改變法則，這是為了要遇到與自己有緣的人之必要手段。

其實上面所說的不只限於尋找配偶，也可能是指與一個好上司或是一位摯友的緣份，另外，如果是婆媳不和，也可以祈求神佛使婆媳兩人性情相投，這也是一種緣份的結合。

有時候兩個人在一起，雙方都不是不好的人，對彼此也沒有什麼不滿，卻會莫名其妙地起爭執，而產生分裂的現象，這並不是因為兩者在心靈上無法溝通的問題，而是有一股眼睛看不見的負面力量作祟，使得兩個人之間的和諧關係受到破壞，因為產生了分歧，所以，在這時候就必須利用護摩秘法，讓佛的力量除去那股看不見的障礙，而護摩秘法也就成了潤滑人際關係的重要修法。

## 5 祈求生意興隆

雖然生意的往來是以賺錢為目的，與神佛的關係淡薄，然而商人卻多半都有著虔誠的信仰心，這點從在辦公室中設有佛龕的公司有逐年增加的事實，便可以獲得證明。

商業雖然是由人來操作的，但是不可能每個商家都能賺很多錢，也有人因為經營失敗而倒閉。

另外，一家公司的結構也可能受到惡靈的影響，而使得經營者的運氣奇差無比。運氣如果不好就不可能賺錢，所以為了除掉惡靈以去除霉運，就必須修行祈禱生意興隆的護摩秘法。

同樣的，祈求財運也是很重要的，其原理與生意興隆的祈願是一樣的。我們可以將所謂的「貧窮之神」當做是靈障的一種，「貧窮之神」也就是為人們帶來貧窮的「惡靈」，如果被它附身的話，不管再怎麼拼命，都不可能有任何積蓄。

有一個人告訴我，他只要存了一點點錢，就會發生一些事故，讓他不得不去動用那筆好不容易才有的積蓄，他這種情形也是靈障的一種，只要一有錢便會發生事故，使他再度變得一無所有，這便是因為靈障使得他沒有辦法過富裕的生活。

我想，利用護摩秘法來除去惡靈以及惡因緣，使得財運無時無刻伴隨著自己，而使金錢滾滾而來，建立豐衣足食的生活，這是很重要的。

## 6 祈求闔家平安

闔家平安所指的也就是全家人的安全。

一個人即使本身所處的狀態再怎麼好，圍繞在他身邊的人卻不是生病就是過著不幸福的痛苦生活，如果是這樣的話，對這個人而言就不能算是真正的幸福。只有一個人幸福就不能算是幸福。

祈求闔家平安，不只是向神佛祈禱自己本身不要碰到任何意外，還祈求家裡的每一份子都能夠身體健康，過著幸福快樂的日子。

如果家裡的每個人都能夠幸福，才能稱得上是真正的幸福，而如果有任何一個家庭成員遭遇不幸，那麼全家人都不能算是幸福的。

一個丈夫長年臥病在床的妻子會幸福嗎？如果小孩遇到不幸，做父母的比誰都能深刻地感受，不是嗎？

所以祈求全家人的幸福，便是所謂的祈求闔家平安。

當然這不只可以指整個家庭，還可以用在祈求整個公司，或是自己所屬之團體的每個成員平安。只要是祈求自已所處的環境中之任何成員皆能獲得神的保佑，都可以稱為「闔家平安的祈願」。

惡靈不只會附身於個人，還會為整個家庭帶來災害，也可能會給某些團體或公司帶來不幸。

最近有很多人說，一個公司與商店的興旺，是因為守護靈保佑的結果，而倒閉的公司，則是受到惡靈作祟的結果。

接受闔家平安的護摩秘法，為的就是要除去帶給家庭災害的惡靈，而同時增強全家之守護靈的力量。

我們在房屋剛興建好的時候會舉行「地鎮祭」，在「地鎮祭」中也有使用到護摩秘法，這是為了要鎮住土地上的神靈，我想這應該可以說是日本特有的風俗。

有人說，在土地中確實有一種稱為「磁波」的東西，可以散發出某種力量，如果這股力量受到人為的隔斷或是有所偏頗，磁波將會為人類的身體帶來不適。

如果以上所說的便是我們所想的一種靈的波長，當然會給住在那塊土地上的人帶來種種不好的影響；而如果說土地是被那樣的「靈」依附的話，我們便可以將那靈魂想成是支配土地的「神」。

如果神並沒有生氣，相反的便能得到神的保佑，所以為了要使建築的工程順利地進行，保障往後住在那棟房子裡之全家人的幸福，就必須向神佛祈禱，我想，闔家平安的祈願就是從以上的方面來考慮的。

我們常常聽說有些有錢有勢的人，在土地上建築豪華宅邸，卻在房子一完工的時候，家道便開始中落了，另外有的人一搬家，全家便開始生病，像這樣因為遷移而使命運走下坡的例子，完全是因為支配土地的神作祟的結果。

向這種神祈求保佑全家，除去作祟，是很重要的，我們不能不說祈求全家人平安、健康的護摩秘法，有著很深遠的意義。

## 7 祈求除厄消災

人的一生有許多階段，如果年齡到了某個階段，便開始出現種種的不順與惡運，我們便稱之為「厄年」，一般人都忌諱且厭惡厄年的來到。

在厄年會發生許多不幸的事，可能是全家人病倒了，也可能是自己的事業失敗。

如果從來沒有感冒的人，在厄年的前後便會突然生一場大病。

在人生中像這樣惡運連連的年齡階段，便稱之為「厄年」。

厄年的說法，我們不能以迷信而將之一概而論。

看看我們周圍的人，失去親人、事業失敗……等等令人想像不到的變故，多半都是在厄年前後所發生的。根據統計，在漫長的生活中，多半是在到達厄年之年齡階段的人，發生的事故最多。

為了要除厄消災，護摩秘法又再度發揮了偉大的力量。

我想，一個年齡到達厄年階段的人，可以藉著護摩秘法除去惡運，而過著明朗的生活。

## 8 解脫因緣的護摩法事

誰都不能否認自己受到因緣的束縛。

其實因緣本身並沒有善與惡的分別，因緣是在一個人出生時，便已包含在自己的血液中的一種承受自遠祖的東西，我們的因緣也同樣的會存在後世子孫的血液中。

我們可以將現在所遭遇的不幸與惡運，想成是因為祖先所積久的孽障之因緣，使我們不得不為祖先清償債務，這也就是在「因緣靈」中之「靈障」的考慮方式。

人類因為因緣靈而受苦，於是轉而修行，然後再一點一點地將祖先的因緣消滅。

但是，在現實生活中，有時會太教人類吃不消，不是嗎？畢竟人類是脆弱的，即使為了因緣而去修行，也有難耐痛苦的時候。

此外，來自因緣的痛苦，是不管再怎麼修行，都沒有辦法替祖先贖完罪，還是會受到因緣的侵襲的，而且如果說是為了祖先才去修行，聽起來似乎有點現實。

在這種時候的確有必要用神佛的力量來解除因緣的糾纏。

我認為護摩秘法是解脫因緣的重要手段。

## 9 祈求除掉惡靈

被惡靈附身而生病或是命運多舛的人，我們稱這種情況為「靈障」或是「靈的障礙」。

如果是因為靈障才生病的話，不管找任何名醫，吃再好的藥，都沒辦法使病情好轉。

如果接受醫學的治療，病情可能會一時好轉，但是很快地便會再度復發，而且還會引出別的病來，也就是說，一旦是因為靈障而生病的話，是沒有辦法輕易地從病痛中逃出來的，唯有除去惡靈，才有可能恢復健康的身體。

不只是生病，以人類的命運來說也是同樣的情形。因為靈障而在身旁發生許許多多不好的事，或是有災難降臨到頭上來，甚至在工作或生活上發生令人意想不到的差錯，其結果造成倒閉、身敗名裂、以及家庭破碎。

因為自己不夠努力或是能力不夠所招致的失敗，因為是自作自受，所以只好由自己來承擔一切後果，然而那些是因為靈障才被迫步上不幸的人生的人，實在是相當冤枉。

像這種因為靈障而產生的疾病或惡運，可以藉著除靈而從痛苦中逃脫出來。用護摩祈願來除去惡靈的密教法之舉行，也是非常重要的。

## 10　供養祖先也是用護摩秘法

不管是什麼樣子的守護靈，都在守護著我們人類。

不管在我們人類的一生中出現多少次生活上、健康上，或是命運上的危機，有

藉著宗教除去災禍

很多次都是由於守護靈的力量，才得以解除危機的，即使不用腦筋去想，我們都知道我們是被守護靈守護著的。

守護靈是大約三百年前到七百年前我們祖先的靈魂，一般來說男性的守護靈是男性，而女性的守護靈是女性。

但是，依我的研究來看，守護靈未必限定於三百年前到七百年前這段時間。在我的鑑定的例子中，有些人的守護靈是他死去的祖母或母親；有的甚至是自己的親姊妹，而這些近親的守護靈頂多不過是十年前至五十年前去世的，這種例子為數不少。

至於說到性別，也有很多母親守護兒子，或是祖母守護孫子的例子，不一定限定女性守護女性或是男性守護男性。

不論如何，各種說法有一個共通點，那便是——「守護靈是祖先的靈魂」，也就是守護靈等於先祖靈。

但是，並非每個守護靈都是一樣的，有的靈力較強，有的靈力較弱，但那並不是指守護靈本身的強弱，而是根據被守護的人本身的思考方式、或是生活方式，顯示出靈格的高低，使守護靈有靈力的強弱之分。

例如，在報紙或是新聞中報導說，有一起車禍發生，同車的四個人中有一個人僅僅受到輕傷，而剩下的三個人全部死亡。

如果仔細調查這樣的例子會發現，這兩種幸運與不幸的下場，完全是因為守護靈強弱的問題。

每個人都有著不同的守護靈，然而守護靈的運作都是因人而異的。

如果一個人之守護靈的力量確實很強的話，那麼惡靈便無法附身在他身上，至於靈格很高的人，惡靈和低級靈也無法附身其上。

既然守護靈就是祖先的靈魂，那麼在家裡設置祭拜祖先的場所，並且供奉祖先的牌位，早晚和祖先們說說話，那是很重要的。

同樣的，根據護摩秘法來供養祖先，使自己擁有靈力較強的守護靈，並且淨化自己的心靈，使自己的靈格提高，這也是很重要的。

## 11　其他祈願的各種例子

護摩祈願的內容當然是沒有限定的，不管有什麼樣的痛苦或煩惱．只要依靠佛的庇佑力，一定可以得到佛的功德的。

到目前為止，並沒有向神佛祈願卻沒有辦法實現的願望。神佛是萬能的，沒有任何事是神佛做不到的，而神佛的力量也是無限的，不管什麼樣子的痛苦或煩惱，都是護摩修法的對象。

寶珠院不只替別人做疾病或開運的祈願，不管是任何問題我們都接受。

**〈祈求順利生產〉**

如果以心靈方面來考量的話，一個小孩的出生，代表著祖先靈魂的延續，也就是因緣所致的結果。

古代的日本人認為，小孩子都是祖先轉世的，所以自古以來，密教的修行者便流傳下來以庇佑祈禱來祈求順利生產的風俗。

以密教秘法來祈禱淨化祖靈，使生產順利母子均安，可以說是日本特有的宗教習慣。

**〈為被學校所拒絕的小孩做祈願〉**

最近有許多父母，因為小孩有不良的行為而被退學，使整個家庭陷入黑暗中，而滿心煩惱的來參加護摩祈願。

小孩子之所以會有不良行為的產生，其中有一個理由可能是因為被靈魂附身的結果。

藉著除靈的祈願以及解脫因緣的護摩修法，以淨化被汚染的靈魂，使小孩糾正所有的不良行為，像這樣子的例子有很多。

**〈祈求丈夫脫離外遇〉**

一個人會有外遇，多半是因為整個家族有心靈上的色情因緣。

如果沒有辦法斷絕不正常的男女關係，將使家庭破碎，最後導致妻離子散的地步，可怕的是，如果家族中有色情因緣的靈障，在後代子孫中將有人體弱多病。若是能做解脫因緣的祈願而解除靈障，或許可以治好丈夫風流的毛病。

**〈祈求必勝〉**

在職棒大賽，或是高中棒球大賽開始之前，有很多人會來寺院受護摩修法，以祈求獲得最後的勝利。

像這類的祈願當然不只是限於棒球的團體賽中，如果是個人競技、象棋或是圍棋……等等都是同樣的情形。

如果一個球隊的每個成員，都能接受佛的功德的話，那麼每個球員都將精力旺盛，球隊獲得勝利的機會也就很大了。

**〈祈求尋回失物〉**

這個祈願也是從以前流傳下來的，是為了「尋回失物」，或「失物重現」所做的祈禱。

寺院便曾經有一個人來做這樣的祈禱，他所丟掉的是記載公司業績的重要文件，在接受護摩秘法之後，他想起了遺落東西的地方。最後這個人成為我們寺院的虔誠信徒。

**〈祈求尋回失蹤者〉**

寺院也有尋回失蹤者的祈願，其方法是利用降靈法。以前我們便曾經在降完失蹤者的生靈之後，從他的告白中推判，他應該是在神奈川縣的某醫院中，後來我們果然找到了他。

一時之間，我們成了媒體報導的焦點，還有許多記者跑來訪問我們，向我們請教許多問題。

其實那一次，我們是利用密教秘法，並且刺激失蹤者想念家人的心理，使他的生靈告訴我們他在那裡。

祈願的靈驗與否其實很難判斷，我只知道在做完祈願之後，有許多失蹤者都回家了。

**〈祈求行車平安〉**

我想，所謂的安全祈願並不只限於交通，在所有場合都是必須的。

礦工、登山者、消防隊員、警察……等等從事危險工作或是運動的人，都有必要做安全的祈願。

現今最深刻的社會現象，便是所謂的「交通戰爭」，而駕駛人通常站在最前線，所以可以說是處於非常危險的狀態，為了避免發生交通事故，保障生命安全，駕駛人去寺院祈求行車安全，已經成為當今社會非常流行的風氣。

**〈開悟的護摩秘法〉**

護摩秘法是密教修法的一種，其本來的目的是當做使佛教徒開悟的一種手段。用來開悟的秘法，也可以產生治病或是改善命運的力量。

我想，本來是用來開悟的修法，後來轉變為普渡衆生的修法，這可以說是護摩秘法的特色。

藉著深刻地唸著佛，與佛合為一體，而深入佛的境地，進而發現佛的悟道，以上便是護摩秘法本來的目的。

人類有著種種煩惱，所以如果想到達佛的境地，其實是很難的，我想即使是唸佛、讀教義，也很難了解簡單的悟道。

但是，至少在參加護摩秘法，面對神佛的那一瞬間，可以短暫地神遊於佛的境地，我想這是很重要的。

保持那種神遊於佛的境地心情，也是一種逃離疾病和惡運的一種方法。

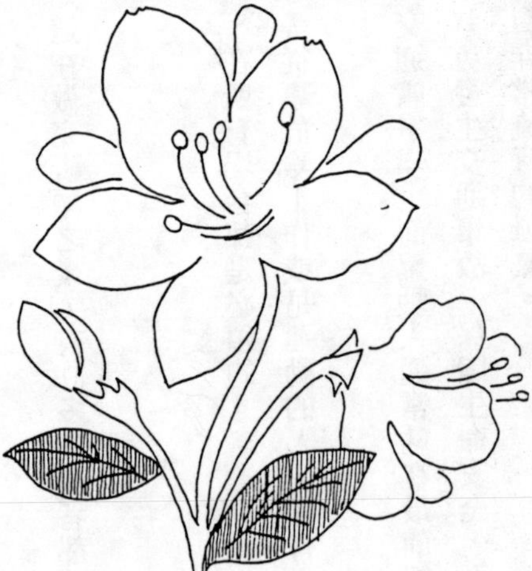

# 附錄　爲實現願望而誦經的常識

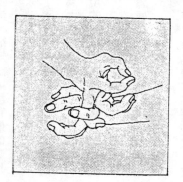

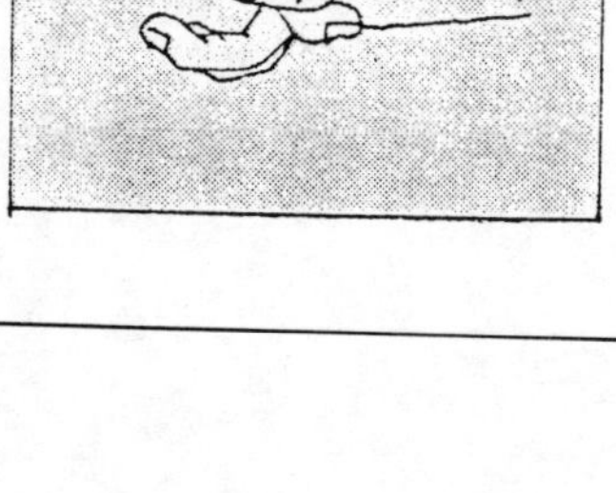

## 將誦經溶入生活中

所謂的「經」是指在葬禮或是進行法事的時候，和尚所唸誦的東西，雖然一般人總覺得「經」似乎很寶貴，但是大部分的人除了只知道咒語之外，對它的內容卻完全無法理解。

當有人在唸經的時候，我們只能聽到嗡嗡嗚嗚的聲音，卻無法了解它們的意思，例如我們一般最常聽到的「南無阿彌陀佛」，然而究竟有多少人了解它的意思呢？

所謂的「南無」是從梵語中來的，其含意是——「虔誠地皈依佛門」，而因為其發音與中國的漢字「南無」相同，所以此後都稱之為「南無」。

因為是翻譯自梵語的發音，所以當其以漢字來表現的時候，其漢字本身並沒有什麼意思。

當一個人唸著「南無阿彌陀佛」的時候，他的意思便是——「我打從心底相信釋迦牟尼」。

「經」並不只是葬禮或是法事中所唸的咒文，它是釋迦牟尼的弟子所記錄下之由他講述的教義，而那些讓人家聽起來嗡嗡嗚嗚的聲音，其實，便是敍述著佛的功德。

如果認為在葬禮或是法事中誦經是沒有用的，那是不對的想法，只要是向佛祈禱的場合，在口中唸誦著珍貴的教義，並且將其銘刻在胸中，這才是正確的方法，也就是說，我們必須將誦經溶入我們生活中，才能引導自己走向悟道之路。

## 各種誦經的功德

一個人即使能理解經文，並且實際運用其艱深的語言，我想還是很難在一朝一夕間抓住經文的真正含意。

我常對信徒說：「即使不明瞭經文的含意也沒關係，在人類幾千年唱誦經文，持續不斷地祈禱中，已經使經文具有靈力，即使不了解教義的意義，還是有很大功德的，所以在思索經文的意義之前，請先祈禱。」這是我指導信徒的方法。

我已經在本書中說過好幾次了，如果希望獲得密教秘法的救贖的話，在日常生活中持續地祈禱是很重要的。

在日常生活中祈禱、唱誦經文之際，可以接受佛的功德。接受佛的功德之後，當然還可以得到唸咒文的效果，甚至還有去除雜念的效果，也可以安定精神。

我們耳朵所聽得見的誦經聲音，代表著誦經者的喜悅，而所出來的聲音，代表體力的傑作。

經文就像這樣會給人們帶來正面的影響。

如果莊嚴而又有節奏的來誦經的話，將使祈願的旨趣更往上提昇，也可以說能夠更迅速地與佛相通。

## 正確的唸經方法

在開始唸經的時候，請先端坐，並且兩眼注視著佛祖。原則上唸經時必須發出聲音來，這樣子比不發出聲音而在心裡默唸有更大的功德，這是因為如果能聽到自己唸經的聲音，對心靈將有很大的影響。

至於聲音的高低則要以自己認為最適合的程度為標準，而速度的快慢最好有一定的節奏，其中又以讓人家最容易聽懂的速度最好。

學習和尚唸經時的音量和速度，是改進自己唸經方法的秘訣。

如果有節奏的來唸經，在漸入佳境之後，便能夠使心安定下來，而進入無念無想的境地，這是與佛融為一體的一大步。

即使不了解經文的意義，也要將其一點一點地牢記在心底，但是並不須要很刻意地去背它，只要常常去唸誦經文，便能夠自然地記住經文的內容。

如果是一個人在唸經時，唸錯了必須重新再唸一次，這是很重要的。

如果在眼前沒有佛壇和佛祖時，就必須在內心自己想像。

如果在公共場合不適合唸經時發出聲音來，可以在心中默唸就好了。

發出聲音稱為「唸經」，而沒發出聲音稱為「看經」，在看經的場合必須將一句話反覆地在心裡默唸。

臥病在床的人在床上看經，也是一種很大的功德，還是可以將自己的願望傳達給佛知道的。

| 大展出版社有限公司 | 圖書目錄 |
|---|---|

地址：台北市北投區11204
致遠一路二段12巷1號
郵撥： 0166955～1

電話：（02）8236031
8236033
傳眞：（02）8272069


## ・法律專欄連載・ 電腦編號58

台大法學院 法律學系／策劃
法律服務社／編著

| | | |
|---|---|---|
| ①別讓您的權利睡著了1 | | 180元 |
| ②別讓您的權利睡著了2 | | 180元 |

## ・婦 幼 天 地・ 電腦編號16

| | | |
|---|---|---|
| ①八萬人減肥成果 | 黃靜香譯 | 150元 |
| ②三分鐘減肥體操 | 楊鴻儒譯 | 130元 |
| ③窈窕淑女美髮秘訣 | 柯素娥譯 | 130元 |
| ④使妳更迷人 | 成　玉譯 | 130元 |
| ⑤女性的更年期 | 官舒妍編譯 | 130元 |
| ⑥胎內育兒法 | 李玉瓊編譯 | 120元 |
| ⑦愛與學習 | 蕭京凌編譯 | 120元 |
| ⑧初次懷孕與生產 | 婦幼天地編譯組 | 180元 |
| ⑨初次育兒12個月 | 婦幼天地編譯組 | 180元 |
| ⑩斷乳食與幼兒食 | 婦幼天地編譯組 | 180元 |
| ⑪培養幼兒能力與性向 | 婦幼天地編譯組 | 180元 |
| ⑫培養幼兒創造力的玩具與遊戲 | 婦幼天地編譯組 | 180元 |
| ⑬幼兒的症狀與疾病 | 婦幼天地編譯組 | 180元 |
| ⑭腿部苗條健美法 | 婦幼天地編譯組 | 150元 |
| ⑮女性腰痛別忽視 | 婦幼天地編譯組 | 130元 |
| ⑯舒展身心體操術 | 李玉瓊編譯 | 130元 |
| ⑰三分鐘臉部體操 | 趙薇妮著 | 120元 |
| ⑱生動的笑容表情術 | 趙薇妮著 | 120元 |

## ・青 春 天 地・ 電腦編號17

| | | |
|---|---|---|
| ①A血型與星座 | 柯素娥編譯 | 120元 |
| ②B血型與星座 | 柯素娥編譯 | 120元 |
| ③O血型與星座 | 柯素娥編譯 | 120元 |
| ④AB血型與星座 | 柯素娥編譯 | 120元 |

| | | |
|---|---|---|
| ⑤青春期性教室 | 呂貴嵐編譯 | 130元 |
| ⑥事半功倍讀書法 | 王毅希編譯 | 130元 |
| ⑦難解數學破題 | 宋釗宜編譯 | 130元 |
| ⑧速算解題技巧 | 宋釗宜編譯 | 130元 |
| ⑨小論文寫作秘訣 | 林顯茂編譯 | 120元 |
| ⑩視力恢復！超速讀術 | 江錦雲譯 | 130元 |
| ⑪中學生野外遊戲 | 熊谷康編著 | 120元 |
| ⑫恐怖極短篇 | 柯素娥編譯 | 130元 |
| ⑬恐怖夜話 | 小毛驢編譯 | 130元 |
| ⑭恐怖幽默短篇 | 小毛驢編譯 | 120元 |
| ⑮黑色幽默短篇 | 小毛驢編譯 | 120元 |
| ⑯靈異怪談 | 小毛驢編譯 | 130元 |
| ⑰錯覺遊戲 | 小毛驢編譯 | 130元 |
| ⑱整人遊戲 | 小毛驢編譯 | 120元 |
| ⑲有趣的超常識 | 柯素娥編譯 | 130元 |
| ⑳哦！原來如此 | 林慶旺編譯 | 130元 |
| ㉑趣味競賽100種 | 劉名揚編譯 | 120元 |
| ㉒數學謎題入門 | 宋釗宜編譯 | 150元 |
| ㉓數學謎題解析 | 宋釗宜編譯 | 150元 |
| ㉔透視男女心理 | 林慶旺編譯 | 120元 |
| ㉕少女情懷的自白 | 李桂蘭編譯 | 120元 |
| ㉖由兄弟姊妹看命運 | 李玉瓊編譯 | 130元 |

## •心靈雅集•　電腦編號00

| | | |
|---|---|---|
| ①禪言佛語看人生 | 松濤弘道著 | 150元 |
| ②禪密教的奧秘 | 葉逯謙譯 | 120元 |
| ③觀音大法力 | 田口日勝著 | 120元 |
| ④觀音法力的大功德 | 田口日勝著 | 120元 |
| ⑤達摩禪106智慧 | 劉華亭編譯 | 150元 |
| ⑥有趣的佛教研究 | 葉逯謙編譯 | 120元 |
| ⑦夢的開運法 | 蕭京凌譯 | 130元 |
| ⑧禪學智慧 | 柯素娥編譯 | 130元 |
| ⑨女性佛教入門 | 許俐萍譯 | 110元 |
| ⑩佛像小百科 | 心靈雅集編譯組 | 130元 |
| ⑪佛教小百科趣談 | 心靈雅集編譯組 | 120元 |
| ⑫佛教小百科漫談 | 心靈雅集編譯組 | 150元 |
| ⑬佛教知識小百科 | 心靈雅集編譯組 | 150元 |
| ⑭佛學名言智慧 | 松濤弘道著 | 180元 |
| ⑮釋迦名言智慧 | 松濤弘道著 | 180元 |
| ⑯活人禪 | 平田精耕著 | 120元 |

| | | |
|---|---|---|
| ⑰坐禪入門 | 柯素娥編譯 | 120元 |
| ⑱現代禪悟 | 柯素娥編譯 | 130元 |
| ⑲道元禪師語錄 | 心靈雅集編譯組 | 130元 |
| ⑳佛學經典指南 | 心靈雅集編譯組 | 130元 |
| ㉑何謂「生」 阿含經 | 心靈雅集編譯組 | 130元 |
| ㉒一切皆空 般若心經 | 心靈雅集編譯組 | 130元 |
| ㉓超越迷惘 法句經 | 心靈雅集編譯組 | 130元 |
| ㉔開拓宇宙觀 華嚴經 | 心靈雅集編譯組 | 130元 |
| ㉕真實之道 法華經 | 心靈雅集編譯組 | 130元 |
| ㉖自由自在 涅槃經 | 心靈雅集編譯組 | 130元 |
| ㉗沈默的教示 維摩經 | 心靈雅集編譯組 | 130元 |
| ㉘開通心眼 佛語佛戒 | 心靈雅集編譯組 | 130元 |
| ㉙揭秘寶庫 密教經典 | 心靈雅集編譯組 | 130元 |
| ㉚坐禪與養生 | 廖松濤譯 | 110元 |
| ㉛釋尊十戒 | 柯素娥編譯 | 120元 |
| ㉜佛法與神通 | 劉欣如編著 | 120元 |
| ㉝悟（正法眼藏的世界） | 柯素娥編譯 | 120元 |
| ㉞只管打坐 | 劉欣如編譯 | 120元 |
| ㉟喬答摩・佛陀傳 | 劉欣如編著 | 120元 |
| ㊱唐玄奘留學記 | 劉欣如編譯 | 120元 |
| ㊲佛教的人生觀 | 劉欣如編譯 | 110元 |
| ㊳無門關（上卷） | 心靈雅集編譯組 | 150元 |
| ㊴無門關（下卷） | 心靈雅集編譯組 | 150元 |

## ・經 營 管 理・ 電腦編號01

| | | |
|---|---|---|
| ◎創新經營管理六十六大計（精） | 蔡弘文編 | 780元 |
| ①如何獲取生意情報 | 蘇燕謀譯 | 110元 |
| ②經濟常識問答 | 蘇燕謀譯 | 130元 |
| ③股票致富68秘訣 | 簡文祥譯 | 100元 |
| ④台灣商戰風雲錄 | 陳中雄著 | 120元 |
| ⑤推銷大王秘錄 | 原一平著 | 100元 |
| ⑥新創意・賺大錢 | 王家成譯 | 90元 |
| ⑦工廠管理新手法 | 琪 輝著 | 120元 |
| ⑧奇蹟推銷術 | 蘇燕謀譯 | 100元 |
| ⑨經營參謀 | 柯順隆譯 | 120元 |
| ⑩美國實業24小時 | 柯順隆譯 | 80元 |
| ⑪撼動人心的推銷法 | 原一平著 | 120元 |
| ⑫高竿經營法 | 蔡弘文編 | 120元 |
| ⑬如何掌握顧客 | 柯順隆譯 | 150元 |
| ⑭一等一賺錢策略 | 蔡弘文編 | 120元 |

| | | |
|---|---|---|
| ⑮世界經濟戰爭 | 約翰・渥洛諾夫著 | 120元 |
| ⑯成功經營妙方 | 鐘文訓著 | 120元 |
| ⑰一流的管理 | 蔡弘文編 | 150元 |
| ⑱外國人看中韓經濟 | 劉華亭譯 | 150元 |
| ⑲企業不良幹部群相 | 琪輝編著 | 120元 |
| ⑳突破商場人際學 | 林振輝編著 | 90元 |
| ㉑無中生有術 | 琪輝編著 | 140元 |
| ㉒如何使女人打開錢包 | 林振輝編著 | 100元 |
| ㉓操縱上司術 | 邑井操著 | 90元 |
| ㉔小公司經營策略 | 王嘉誠著 | 100元 |
| ㉕成功的會議技巧 | 鐘文訓編譯 | 100元 |
| ㉖新時代老闆學 | 黃柏松編著 | 100元 |
| ㉗如何創造商場智囊團 | 林振輝編譯 | 150元 |
| ㉘十分鐘推銷術 | 林振輝編譯 | 120元 |
| ㉙五分鐘育才 | 黃柏松編譯 | 100元 |
| ㉚成功商場戰術 | 陸明編譯 | 100元 |
| ㉛商場談話技巧 | 劉華亭編譯 | 120元 |
| ㉜企業帝王學 | 鐘文訓譯 | 90元 |
| ㉝自我經濟學 | 廖松濤編譯 | 100元 |
| ㉞一流的經營 | 陶田生編著 | 120元 |
| ㉟女性職員管理術 | 王昭國編譯 | 120元 |
| ㊱ＩＢＭ的人事管理 | 鐘文訓編譯 | 150元 |
| ㊲現代電腦常識 | 王昭國編譯 | 150元 |
| ㊳電腦管理的危機 | 鐘文訓編譯 | 120元 |
| ㊴如何發揮廣告效果 | 王昭國編譯 | 150元 |
| ㊵最新管理技巧 | 王昭國編譯 | 150元 |
| ㊶一流推銷術 | 廖松濤編譯 | 120元 |
| ㊷包裝與促銷技巧 | 王昭國編譯 | 130元 |
| ㊸企業王國指揮塔 | 松下幸之助著 | 120元 |
| ㊹企業精銳兵團 | 松下幸之助著 | 120元 |
| ㊺企業人事管理 | 松下幸之助著 | 100元 |
| ㊻華僑經商致富術 | 廖松濤編譯 | 130元 |
| ㊼豐田式銷售技巧 | 廖松濤編譯 | 120元 |
| ㊽如何掌握銷售技巧 | 王昭國編著 | 130元 |
| ㊾一分鐘推銷員 | 廖松濤譯 | 90元 |
| ㊿洞燭機先的經營 | 鐘文訓編譯 | 150元 |
| 51ＩＢＭ成功商法 | 巴克・羅傑斯著 | 130元 |
| 52新世紀的服務業 | 鐘文訓編譯 | 100元 |
| 53成功的領導者 | 廖松濤編譯 | 120元 |
| 54女推銷員成功術 | 李玉瓊編譯 | 130元 |

| | | |
|---|---|---|
| ㊺ＩＢＭ人才培育術 | 鐘文訓編譯 | 100元 |
| ㊻企業人自我突破法 | 黃琪輝編著 | 150元 |
| ㊼超級經理人 | 羅拔・海勒著 | 100元 |
| ㊽財富開發術 | 蔡弘文編著 | 130元 |
| ㊾成功的店舖設計 | 鐘文訓編著 | 150元 |
| ㊿靈巧者成功術 | 鐘文訓編譯 | 150元 |
| 61企管回春法 | 蔡弘文編著 | 130元 |
| 62小企業經營指南 | 鐘文訓編譯 | 100元 |
| 63商場致勝名言 | 鐘文訓編譯 | 150元 |
| 64迎接商業新時代 | 廖松濤編譯 | 100元 |
| 65透視日本企業管理 | 廖松濤　譯 | 100元 |
| 66新手股票投資入門 | 何朝乾　編 | 150元 |
| 67上揚股與下跌股 | 何朝乾編譯 | 150元 |
| 68股票速成學 | 何朝乾編譯 | 180元 |
| 69理財與股票投資策略 | 黃俊豪編著 | 180元 |
| 70黃金投資策略 | 黃俊豪編著 | 180元 |
| 71厚黑管理學 | 廖松濤編譯 | 150元 |
| 72股市致勝格言 | 呂梅莎編譯 | 180元 |
| 73透視西武集團 | 林谷燁編譯 | 150元 |
| 74推銷改變我的一生 | 柯素娥　譯 | 120元 |
| 75推銷始於被拒 | 盧媚璟　譯 | 120元 |
| 76巡迴行銷術 | 陳蒼杰譯 | 150元 |
| 77推銷的魔術 | 王嘉誠譯 | 120元 |
| 7860秒指導部屬 | 周蓮芬編譯 | 150元 |
| 79精銳女推銷員特訓 | 李玉瓊編譯 | 130元 |
| 80企劃、提案、報告圖表的技巧 | 鄭　汶　譯 | 180元 |
| 81海外不動產投資 | 許達守編譯 | 150元 |
| 82八百件的世界策略 | 李玉瓊譯 | 150元 |
| 83服務業品質管理 | 吳宜芬譯 | 180元 |
| 84零庫存銷售 | 黃東謙編譯 | 150元 |
| 85三分鐘推銷管理 | 劉名揚編譯 | 150元 |
| 86推銷大王奮鬥史 | 原一平著 | 150元 |

## ・成功寶庫・ 電腦編號02

| | | |
|---|---|---|
| ①上班族交際術 | 江森滋著 | 100元 |
| ②拍馬屁訣竅 | 廖玉山編譯 | 110元 |
| ③一分鐘適應法 | 林曉陽譯 | 90元 |
| ④聽話的藝術 | 歐陽輝編譯 | 110元 |
| ⑤人心透視術 | 多湖輝著 | 100元 |
| ⑥克服逆境的智慧 | 廖松濤　譯 | 100元 |

| | | |
|---|---|---|
| ⑦不可思議的人性心理 | 多湖輝　著 | 120元 |
| ⑧成功的人生哲學 | 劉明和　譯 | 110元 |
| ⑨求職轉業成功術 | 陳　義編著 | 110元 |
| ⑩上班族禮儀 | 廖玉山編著 | 120元 |
| ⑪接近心理學 | 李玉瓊編著 | 100元 |
| ⑫創造自信的新人生 | 廖松濤編著 | 120元 |
| ⑬卡耐基的人生指南 | 林曉鐘編譯 | 120元 |
| ⑭上班族如何出人頭地 | 廖松濤編著 | 100元 |
| ⑮神奇瞬間瞑想法 | 廖松濤編譯 | 100元 |
| ⑯人生成功之鑰 | 楊意苓編著 | 150元 |
| ⑰當一個享受成功的人 | 戴恆雄編著 | 100元 |
| ⑱潛在心理術 | 多湖輝　著 | 100元 |
| ⑲給企業人的諍言 | 鐘文訓編著 | 120元 |
| ⑳企業家自律訓練法 | 陳　義編譯 | 100元 |
| ㉑上班族妖怪學 | 廖松濤編著 | 100元 |
| ㉒猶太人縱橫世界的奇蹟 | 孟佑政編著 | 110元 |
| ㉓訪問推銷術 | 黃靜香編著 | 130元 |
| ㉔改運的秘訣 | 吳秀美　譯 | 120元 |
| ㉕你是上班族中強者 | 嚴思圖編著 | 100元 |
| ㉖向失敗挑戰 | 黃靜香編著 | 100元 |
| ㉗成功心理學 | 陳蒼杰　譯 | 100元 |
| ㉘墨菲成功定律 | 吳秀美　譯 | 130元 |
| ㉙機智應對術 | 李玉瓊編著 | 130元 |
| ㉚成功頓悟100則 | 蕭京凌編譯 | 110元 |
| ㉛掌握好運100則 | 蕭京凌編譯 | 110元 |
| ㉜知性幽默 | 李玉瓊編譯 | 130元 |
| ㉝熟記對方絕招 | 黃靜香編譯 | 100元 |
| ㉞男性成功秘訣 | 陳蒼杰編譯 | 130元 |
| ㉟超越巔峯者 | C・加菲爾德著 | 130元 |
| ㊱業務員成功秘方 | 李玉瓊編著 | 120元 |
| ㊲察言觀色的技巧 | 劉華亭編著 | 130元 |
| ㊳一流領導力 | 施義彥編譯 | 120元 |
| ㊴一流說服力 | 李玉瓊編著 | 130元 |
| ㊵30秒鐘推銷術 | 廖松濤編譯 | 120元 |
| ㊶猶太成功商法 | 周蓮芬編譯 | 120元 |
| ㊷尖端時代行銷策略 | 陳蒼杰編著 | 100元 |
| ㊸顧客管理學 | 廖松濤編著 | 100元 |
| ㊹如何使對方說Yes | 程　羲編著 | 150元 |
| ㊺如何提高工作效率 | 劉華亭編著 | 150元 |
| ㊻企業戰術必勝法 | 黃靜香編著 | 130元 |

| | | |
|---|---|---|
| ㊼上班族口才學 | 楊鴻儒譯 | 120元 |
| ㊽上班族新鮮人須知 | 程　羲編著 | 120元 |
| ㊾如何左右逢源 | 程　羲編著 | 130元 |
| ㊿語言的心理戰 | 多湖輝著 | 130元 |
| ⑤①扣人心弦演說術 | 劉名揚編著 | 120元 |
| ⑤②八面玲瓏成功術 | 陳　羲譯 | 130元 |
| ⑤③如何增進記憶力、集中力 | 廖松濤譯 | 130元 |
| ⑤④頂尖領導人物 | 陳蒼杰譯 | 120元 |
| ⑤⑤性惡企業管理學 | 陳蒼杰譯 | 130元 |
| ⑤⑥自我啟發200招 | 楊鴻儒編著 | 150元 |
| ⑤⑦做個傑出女職員 | 劉名揚編著 | 130元 |
| ⑤⑧靈活的集團營運術 | 楊鴻儒編著 | 120元 |
| ⑤⑨必勝交涉強化法 | 陳蒼杰譯 | 120元 |
| ⑥⓪個案研究活用法 | 楊鴻儒編著 | 130元 |
| ⑥①企業教育訓練遊戲 | 楊鴻儒編著 | 120元 |
| ⑥②管理者的智慧 | 程　義編譯 | 130元 |
| ⑥③做個佼佼管理者 | 馬筱莉編譯 | 130元 |
| ⑥④智慧型說話技巧 | 沈永嘉編譯 | 130元 |
| ⑥⑤歌德人生箴言 | 沈永嘉編譯 | 150元 |
| ⑥⑥活用佛學於經營 | 松濤弘道著 | 150元 |
| ⑥⑦活用禪學於企業 | 柯素娥編譯 | 130元 |
| ⑥⑧詭辯的智慧 | 沈永嘉編譯 | 130元 |
| ⑥⑨幽默詭辯術 | 廖玉山編譯 | 130元 |
| ⑦⓪拿破崙智慧箴言 | 柯素娥編譯 | 130元 |
| ⑦①自我培育・超越 | 蕭京凌編譯 | 150元 |
| ⑦②深層心理術 | 多湖輝著 | 130元 |
| ⑦③深層語言術 | 多湖輝著 | 130元 |
| ⑦④時間即一切 | 沈永嘉編譯 | 130元 |
| ⑦⑤自我脫胎換骨 | 柯素娥譯 | 150元 |
| ⑦⑥贏在起跑點——人才培育鐵則 | 楊鴻儒編譯 | 150元 |
| ⑦⑦做一枚活棋 | 李玉瓊編譯 | 130元 |
| ⑦⑧面試成功戰略 | 柯素娥編譯 | 130元 |
| ⑦⑨自我介紹與社交禮儀 | 柯素娥編譯 | 130元 |
| ⑧⓪說NO的技巧 | 廖玉山編譯 | 130元 |
| ⑧①瞬間攻破心防法 | 廖玉山編譯 | 120元 |
| ⑧②改變一生的名言 | 李玉瓊編譯 | 130元 |
| ⑧③性格性向創前程 | 楊鴻儒編譯 | 130元 |
| ⑧④訪問行銷新竅門 | 廖玉山編譯 | 150元 |
| ⑧⑤無所不達的推銷話術 | 李玉瓊編譯 | 元 |

## ・處世智慧・ 電腦編號03

| | | |
|---|---|---|
| ①如何改變你自己 | 陸明編譯 | 90元 |
| ②人性心理陷阱 | 多湖輝著 | 90元 |
| ③面對面的心理戰術 | 多湖輝著 | 90元 |
| ④幽默說話術 | 林振輝編譯 | 120元 |
| ⑤讀書36計 | 黃柏松編譯 | 110元 |
| ⑥靈感成功術 | 譚繼山編譯 | 80元 |
| ⑦如何使人對你好感 | 張文志譯 | 110元 |
| ⑧扭轉一生的五分鐘 | 黃柏松編譯 | 100元 |
| ⑨知人、知面、知其心 | 林振輝譯 | 110元 |
| ⑩現代人的詭計 | 林振輝譯 | 100元 |
| ⑪怎樣突破人性弱點 | 摩　根著 | 90元 |
| ⑫如何利用你的時間 | 蘇遠謀譯 | 80元 |
| ⑬口才必勝術 | 黃柏松編譯 | 120元 |
| ⑭女性的智慧 | 譚繼山編譯 | 90元 |
| ⑮如何突破孤獨 | 張文志編譯 | 80元 |
| ⑯人生的體驗 | 陸明編譯 | 80元 |
| ⑰微笑社交術 | 張芳明譯 | 90元 |
| ⑱幽默吹牛術 | 金子登著 | 90元 |
| ⑲攻心說服術 | 多湖輝著 | 100元 |
| ⑳當機立斷 | 陸明編譯 | 70元 |
| ㉑勝利者的戰略 | 宋恩臨編譯 | 80元 |
| ㉒如何交朋友 | 安紀芳編著 | 70元 |
| ㉓鬥智奇謀（諸葛孔明兵法） | 陳炳崑著 | 70元 |
| ㉔慧心良言 | 亦　奇著 | 80元 |
| ㉕名家慧語 | 蔡逸鴻主編 | 90元 |
| ㉖金色的人生 | 皮爾著 | 80元 |
| ㉗稱霸者啟示金言 | 黃柏松編譯 | 90元 |
| ㉘如何發揮你的潛能 | 陸明編譯 | 90元 |
| ㉙女人身態語言學 | 李常傳譯 | 100元 |
| ㉚摸透女人心 | 張文志譯 | 90元 |
| ㉛現代戀愛秘訣 | 王家成譯 | 70元 |
| ㉜給女人的悄悄話 | 妮倩編譯 | 90元 |
| ㉝行為語言的奧秘 | 歆夫編譯 | 110元 |
| ㉞如何開拓快樂人生 | 陸明編譯 | 90元 |
| ㉟驚人時間活用法 | 鐘文訓譯 | 80元 |
| ㊱成功的捷徑 | 鐘文訓譯 | 70元 |
| ㊲幽默逗笑術 | 林振輝著 | 120元 |
| ㊳活用血型讀書法 | 陳炳崑譯 | 80元 |

國立中央圖書館出版品預行編目資料

護摩秘法與人生／藤井南洲原著；劉名揚編譯
--初版•--臺北市：大展，民82
面：　公分，--（超現實心靈講座；2）
ISBN 957-557-385-4（平裝）

1.密宗

226.91　　82005175

（如有破損或缺頁請寄回調換）　售價130元

# 護摩秘法與人生

原著者：藤井南洲
編譯者：劉名揚
發行人：蔡森明
出版者：大展出版社有限公司
台北市北投區致遠一路二段十二巷一號
電　話：（〇二）八二三六〇三一
八二三六〇三三
傳　真：（〇二）八二七二〇六九
郵政劃撥：〇一六六九五五～一
登記證：局版臺業字第二一七一號
法律顧問：劉鈞男律師
承印者：高星企業有限公司
排版者：千賓電腦打字有限公司
電　話：（〇二）八八三六〇五二
傳　真：（〇二）八八一二六四三
一九九三年（民82年）八月初版一刷



ISBN 957-557-385-4

大展好書 好書大展